Die Deutsche Bibliothek – CIP-Einheitsaufnahme

Kühn, August:
Der Bayerische Aufstand 1705 : (Sendlinger Mordweihnacht) /
August Kühn. [Fotos: Frank M. Mächler]. – 1. Aufl. – München
: Meister und Schlott, 1995
   (Serie Noire)
   ISBN 3-9803606-3-6

1. Auflage September 1995
Copyright by Verlag Meister & Schlott, 80801 München
Umschlaggestaltung: Verlag Meister & Schlott
Fotos: Frank M. Mächler
Satz: Fotosatz Sándor, 85229 Markt Indersdorf
Druck: Offsetdruckerei Gebr. Betz GmbH, 85258 Weichs

Verlag Meister & Schlott, Ainmillerstraße 24, 80801 München
Telefon: 089 / 33 81 47 · Telefax: 089 / 33 81 79
ISBN 3-9803606-3-6

August Kühn

Der Bayerische Aufstand 1705

Sendlinger Mordweihnacht

Verlag Meister & Schlott

Vorwort

Literatur und Geschichte

In Jena hielt am Dienstag, den 26. Mai 1789, Schiller, Friedrich, von Hauptberuf deutscher Dichter, seine Antrittsrede an der großherzoglich sachsen-weimarischen Universität zu dem Thema „Was heißt und zu welchem Ende studiert man Universalgeschichte". Er führte darin aus, daß seine Zeitgenossen selbst in den alltäglichsten Verrichtungen des bürgerlichen Lebens nicht vermeiden könnten, Schuldner vergangener Jahrhunderte zu sein. Um so notwendiger sei es, die Kette der Begebenheiten, die vom gegenwärtigen Augenblick bis zum Anfang des Menschengeschlechts hinaufreiche, richtig zu erkennen und zu bewerten. Aber der Universalhistoriker müsse aus der Summe der Begebenheiten diejenigen herausheben, die einen wesentlichen Einfluß auf die Gegenwart hatten. Hier setze die kritische Denkarbeit ein – ich nenne es lieber kreative Gedankenspiele –, denn je öfter der Mensch „den Versuch erneuert, das Vergangene mit dem Gegenwärtigen zu verknüpfen, desto mehr wird er geneigt, was er als Ursache und Wirkung ineinandergreifen sieht, als Mittel und Absicht zu verbinden".

Von Europa ausgehend begann etwa 100 Jahre vor Friedrich Schillers Antrittsrede ein Krebsgeschwür am Universalkörper der Menschheit zu wuchern, dessen Auswirkungen auf unsere Gegenwart die kritische Denkarbeit erfordern, um eine heilende Therapie für die Zukunft einleiten zu können. Das Krebsgeschwür ist der Anfang der Hochrüstung und der Beginn der stehenden Heere in Europa. Die ersten natürlichen Gegenreaktionen waren Volksaufstände gegen die Belastungen, die von der Hochrüstung und den nicht mehr abgedankten Armeen hervorgerufen wurden. Als ein solcher ist der Bayerische Aufstand von 1705 anzusehen – sehr frühe Ausbildung von Antikörpern – und das Volksstück von mir ein Versuch, sie zu isolieren und nutzbar zu machen für die heutige späte Gegenwart und noch spätere Zukunft.

Gegenwärtig zählt in den Schulen Geschichtsunterricht zu den unbeliebten Fächern. Hingegen sind die sogenannten Mantel-und-Degen-Filme über eben die Zeit des 17. und 18. Jahrhunderts Publikumsrenner mit hohen Einschaltquoten im Fernsehen. Das deutet auf ein wohl vorhandenes Interesse an Wissen um Vergangenheit hin, an Geschichte und Geschichtlichem, aber eben auch auf Bedürfnisse nach spielerisch-kreativer Darbietung dieser Stoffe. Filme laufen ab und fördern Emotionen, Volksstücke dagegen sind live, sind Leben; wenn man sie außerdem noch nachlesen kann, in Gedanken oder mit Mitspielern real spielend, kann das Vergangene mit dem Gegenwärtigen verknüpft werden und den Spieler über seine beschränkte Zeit hinaus in die Zukunft wirken lassen.

Hoffnungsgläubige des Fortschritts oder Ingenieure der Katastrophen?

Der Mensch soll nicht glauben, sondern sich um Wissen bemühen, denke ich. Was wissen wir aus Schulunterrichtsstunden und Lehrbüchern über den Absolutismus und Merkantilismus des ausgehenden 17. und beginnenden 18. Jahrhunderts, und welche Erkenntnisse für unsere Gegenwart werden uns daraus bewußt?

Bis zum Dreißigjährigen Krieg gab es seit dem römischen Imperium keine stehenden Heere mehr, außer in Frankreich seit der Regierung Heinrich IV. Um 1530 beschreibt Aventinus, der bayerische Humanist, wie im Bedarfsfall eine Armee zustande kam: *„Es ist bei uns Deutschen ein solcher Brauch, wenn der Kaiser oder König einen Krieg führt und Kriegsvolk auf will nehmen, so läßt er im Reich umschlagen, dann so kommt eine große Anzahl Volks zusammen, rotzigs und reudigs, geübts und ungeübts, Knecht und Diener, Jungs und Altes, und ist kaum der halbe Theil geschickt zum Krieg; nun braucht man sie so lang man ihrer bedarf; es geräht wohl oder übel, sobald man ihrer nimmer bedarf, so gibt man ihnen Urlaub und läßt sie abziehen, dazu oft böslich bezahlt, und wenn sie dann nicht flink aus dem Lande ziehen und sich flugs packen, so droht man ihnen mit Henken und Tränken aus dem Lande. Nachmals muß der abgedankte Söldner dann mit Beschwerde des gemeinen Mannes heimgarten, ist ein wenig ehrlicher als betteln.“* Auch der Versuch des kaiserlichen Militärunternehmers Wallenstein, mit zentralen Kontributionen den Sold für die Landsknechte aufzubringen und dadurch die Plünderung und Verwüstung eroberten Gebietes zu vermeiden, führte kaum zu dauerndem Erfolg. Außerdem konnte ein „heimgegarteter" Bauer nur schwerlich Abgaben an den Adel leisten, dem er lehenspflichtig war. Dieser Adel aber war es, der dem jeweiligen Landesherrn vermehrte Kriegssteuern genehmigen oder verweigern konnte. Seine Interessen wurden von den Ständevertretungen, den „Landständen" ausgeübt, und die wollten in Friedenszeiten keine hochgerüstete Zentralmacht, die in die Lage versetzt gewesen wäre, ihnen mit militärischem Druck etwas abzuzwingen. So wurden auch nach dem Dreißigjährigen Krieg allerorten die Armeen abgedankt.

Aus diesem gesamteuropäischen Krieg zog jedoch der kaiserliche Feldherr Raimondo Montecuccoli eine Lehre für ein „miles perpetuus", ein stehendes Heer: *„Man soll nicht das ganze Heer entlassen, sondern immer einiges Kriegsvolk auf den Beinen haben. [...] Die Rahmen der Regimenter sollen immer aufgestellt sein, damit die Kriegswissenschaft weder in der Theorie noch in der Praxis verlernt werde, sowie auch, um viele Commandanten zu erhalten. [...] wenn sich die Gelegenheit ergibt, den Abgang an Mannschaft zu ergänzen, so werden sie in zwei Monaten in den Stand gesetzt sein, gute Dinge zu leisten."* Dachte Montecuccoli bei diesen Überlegungen an die königliche Soldtruppe in Frankreich, die seit den dortigen Bürgerkriegen bestand, die „vieilles bandes" Heinrichs IV. mit 4120 Infanteristen und 2637 Kavalleristen?

Ludwig XIV. konnte diese Truppe gegen den drohenden Putsch der adeligen Fronde einsetzen. Bewahrte sie ihn davor, seinen Kopf auf den Henkersblock legen zu müssen wie der englische König Carl I.? Königliche Söldner, Soldaten als Machtmittel gegen innerstaatliche Gegner, verschafften Ludwig XIV. die Unabhängigkeit von den Ständen, den am meisten Steuern aufbringenden, Waren produzierenden Bürgern Förderung und Schutz angedeihen zu lassen. Dieser wirtschaftliche Zuwachs wurde – neben dem Hof- und Bautenluxus – sogleich auch wieder für die Vergrößerung der Armee ausgegeben. Die königlichen Berater Michel Le Tellier und dessen Sohn, Francois Le Tellier, Marquis de Louvois, installierten landesweit die „intendants", Militärsteuereinnehmer, denen auch regional die zentral gelenkte Unterbringung, Ausrüstung und Versorgung der „Friedenstruppen" übertragen war.

Das Krebsgeschwür beginnt zu wuchern: 1659 hat Frankreich ein stehendes Heer von etwa 72000 Mann, 1672 schon 119000 Mann, und dies zu Friedenszeiten. In den Kriegsjahren 1666/67 lief es auf zu 140000 Mann, 1678 zu 279000 Mann und 1701, als es um den Erwerb der spanischen Erbschaft für den Enkel ging, zu 293000 Mann. Das waren Männer, die keine Waren herstellten (oder wie die römischen Legionäre in Friedenszeiten Land bebauten), sondern einquartiert, bekleidet, ernährt und bewaffnet werden mußten. In Kriegszeiten, so rechnete man, würden diese Ausgaben des Staates wieder ausgeglichen durch Zuwachs aus den eroberten Gebieten. Als Ziele solcher Eroberungen wurden deshalb Territorien bevorzugt, die durch Handel und Gewerbe gut entwickelt waren, also aussichtsreiche Standorte für neue Intendanturen und somit Steuereinnahmen boten: die Reichsstädte Straßburg und Colmar, Flandern, Elsaß-Lothringen, Oberitalien.

Frankreich hatte in der Zeit von 1500 bis 1600 zwölf Kriege geführt, zwischen 1600 und 1789 aber 23. Ein stehendes, hochgerüstetes Heer sichert den Frieden?

Der habsburgische Kaiser, erster Machtrivale des französischen Königs in Europa, ließ nach dem Dreißigjährigen Krieg seine Armee von 62 Regimentern Infanterie und Kavallerie weitgehend reduzieren, das heißt abrüsten; unter dem Eindruck der Bedrohung durch die Türken und Frankreich und nach der kriegerischen Austragung von Konflikten in Oberitalien kam es aber zu einer in Friedenszeiten bestehenden Armee. Im Jahre 1655 waren dies 9842 Mann Infanterie, 3218 Mann Kavallerie und 672 Dragoner. Nach den sogenannten „Münsterschen Wirren" folgte das Kurfürstentum Brandenburg der „französischen Mode" und behielt 6140 Mann Infanterie, 1530 Mann Kavallerie und 530 Dragoner im Sold, dazu noch 5067 Mann als Festungsgarnisonen. Kurfürst Johann Georg von Sachsen schuf 1682 ein stehendes Heer von 7157 Infanteristen und 3222 Kavalleristen, und Kurfürst Max Emanuel errichtete im gleichen Jahr eine Armee von 8400 Mann zu Fuß und 2400 Mann zu Pferd. Als im folgenden Jahr 1683 die unverhältnismäßig größere, nach Kasten und feudal organisierte türkische Armee die kaiserliche Hauptstadt Wien belagerte, bewährten sich die im Frieden einexerzierten europäischen Truppen.

In diese Entsatzschlacht vor Wien waren die Regimenter noch zu einem Teil mit Piken und Luntenschloßgewehren bewaffnet gezogen. Die Pikeniere bildeten den Kern eines Feldregiments und hatten mit ihren bis zu sechs Meter langen Piken den Gegner davon abzuhalten, die Ordnung der feuernden Musketiere zu stören. Das Führen beider Waffenarten aufeinander einzuspielen kostete Zeit und Geld. Dafür waren taugliche Unterführer und Offiziere nötig und kosteten wieder Geld, ebenso wie die Bewaffnung und die für die Ordnung erforderliche gleichartige und bald auch gleichfarbige Bekleidung. Noch einmal sei Raimondo Montecuccoli zitiert: *„Einen Krieg zu führen braucht es drei Dinge: erstens Geld, zweitens Geld und drittens Geld."*

Kosten verursachten auch die waffentechnischen Verbesserungen in den folgenden Jahren, nämlich die Abschaffung der Piken zugunsten des Bajonetts und die Einführung des Steinschloßgewehrs, das schneller als das Luntengewehr schoß. Neue Manufakturbetriebe entstanden, alte Handwerke wie Plattner und Harnischmacher oder Schwertfeger verschwanden. Manufakturbetriebe der neuen Art – frühe Industrien, könnte man sagen – waren die Gewehrfabriken in Lüttich und Suhl, Uniformtuchfabriken in Flandern, aber auch in der Münchner Vorstadt Au zum Beispiel. Ein weiteres Beispiel sind die großen Färbereien wie die von Basel in der Schweiz. Gefärbtes Tuch für Uniformen verbarg Webfehler, und farbige Uniformen gaben den hinter den Fronten stehenden Feldherrn einen besseren Überblick über die Truppen. Die adeligen Familien der Schweiz dienten bald allen umliegenden reicheren Ländern ihre überzähligen Landeskinder zum Kauf an, fertig uniformiert in beständigen und kräftigen Farben sowie zuverlässig abgerichtet. Und die Fahnen der schweizerischen Soldregimenter liefen Reklame für die Künste der Basler Färbereimanufakturen, manchmal mit dem ganzen Spektrum des Regenbogens. Die Basler Färber wurden so Vorgänger der heute noch existierenden schweizerischen Chemie-Industrie am Oberrhein. Der gesteigerte Bedarf an Schießpulver brachte die Erwerbszweige der Pulvermüller und Salpeterer zu größerem Aufschwung. Letztere wurden der zivilen Bevölkerung über ein Jahrhundert lang zur lästigen Plage, durften sie doch – mit entsprechenden landesherrlichen Privilegien ausgestattet – in jedem bäuerlichen oder bürgerlichen Haus nach ausgeblühtem Salpeter suchen und dazu jederzeit die Fußböden aufreißen.

Aber auch Versuche, die Militärausgaben zu senken oder gleich niedriger zu halten, brachten für die zivilen Bewohner des Landes militärische Lasten mit sich. Auch in Friedenszeiten kamen die Soldaten in ihr Haus, mußten beköstigt werden; wenn sie aber die Frau oder die Tochter des Hauses belästigten oder durch Verrichten unzünftiger Arbeiten dem Handwerker Konkurrenz machten, mußte der Hausherr seine Klage beim Regiment führen. Ferner wirkte sich das weit verbreitete, „Defensionswerk" genannte Milizsystem aus, das im Kriegsfalle das stehende Heer entlasten sollte, indem es die nähere Heimat verteidigte, wenn die Feldtruppen anderswo zusammengezogen wurden. Wenn die Werbung in solchen Zeiten weniger erfolgreich war, wurden Defensionäre zeitweilig auch als Ersatz für nicht zu bekommende Söldner in die Regimenter eingestellt. Deshalb wurden sie beispielsweise in Bayern sonntags nach dem Kirchgang von beamteten Amtsrichtern oder eigens dafür angestellten Offizieren im Waffengebrauch eingeübt, gedrillt und exerziert. Im Kriegsfalle hatte die ländliche Bevölkerung auch noch die Pflicht des Hand- und Spanndienstes für die umfänglichen Materialtransporte der Armeen. Die Unbeliebtheit dieser Militarisierung des Alltags belegt beispielhaft eine Strophe aus einem Defensionärslied:

Ich bin auch in der Auswahl mit,
Ich trag ein Pik im vierten Glied,
Man drillt mich oft, ich muß hinaus,
Es geh nun, wie es wöll, im Haus.

Krieg, Vater aller Dinge; Hochrüstung, Motor des Erfindergeistes, der Vollbeschäftigung und der industriellen Wirtschaft – haben solche Sprüche jemals gestimmt? Müßten wir auf beschichtete Bratpfannen und lichtecht eingefärbte Schi-Anoraks verzichten in unseren Tagen, wenn nicht jene Mächtigen vor rund 300 Jahren die europäischen Völker den Notwendigkeiten der Ökonomie stehender Heere unterworfen hätten? Noch ein Spruch, der seither auf jeder deutschen Zunge liegt, ungeprüft auf seine Richtigkeit: „Der nicht wagt, der nicht gewinnt."

Lassen Sie mich gedankenspielen, zurückkehren zu einem jungen Mann, dem der Vater früh weggestorben ist, ihm aber einen einigermaßen florierenden Großbetrieb hinterlassen konnte. Die anstehenden Geschäfte leitet zunächst einmal ein mächtiger, gutkatholischer Mann, der gute Verbindungen ins Ausland pflegt, vor allem zum Kirchenoberhaupt in Rom, aber auch zur von Repräsentations- und anderen Pflichten überlasteten Mutter. Sorgen für die Zukunft kann dieser fabelhafte Hauptgeschäftsführer, Armand Jean du Plessis Richelieu, dem jungen Ludwig, nunmehr allerchristlichster König von Frankreich, rasch und gründlich ausräumen. Nein, in seinem Reich werde es keinen puritanischen Lordprotektor Cromwell geben, der ihm nach dem Leben trachtet, aber der hingerichtete König Carl sei auch nicht im rechten Glauben gestanden… Allerdings gebe es in Frankreich auch noch immer solch gottverdammte Ketzer, die Hugenotten, aber gegen die könne man hierzulande treu ergebene, weil gut bezahlte Soldaten einsetzen.

Der junge Mann befolgt solche Lehren fürs Leben konsequent, treibt die Hugenotten bald nach seiner Thronbesteigung und Regierungsübernahme außer Landes, stellt zur Sicherung nach innen und außen immer neue Truppen auf. Er wagt auch etwas, macht Schulden für diese Sicherheit. Um den besorgniserregenden Hugenotten endgültig den Rest zu geben, legt er ihnen Dragoner ins Quartier, um sie katholisch zu machen. Aber die von den Dragonern bis aufs Hemd ausgeplünderten Hugenotten in den Cevennen erlauben sich sogar, als Kamisarden gegen ihn aufzustehen. Ein allerchristlichster König muß Recht tun und niemanden scheuen. Die Staatsschulden? Ach was, das sind Vorschüsse auf die Zukunft. Doch die anglikanische englisch-ostindische Kompanie und die vorwiegend protestantische niederländisch-ostindische Kompanie sind im Handel weit erfolgreicher, bringen mehr Geld ein als die von ihm selbst mit Privilegien versehene französisch-ostindische Kompanie. Der Vorsprung der Ketzer auf den Weltmeeren ist doch einzuholen, wenn eines Tages die französische und die spanische Flotte gemeinsam segeln werden. Dann wird man dem französischen Staatshaushalt rasch den nötigen Ausgleich schaffen...

Die Erbrechtssache Karl II. von Spanien liest sich wie die Verwandtschaftsverwicklung einer altbayerischen Dorfgeschichte. Der kinderlose spanische König war ein Enkel Philipps III., eines Habsburgers, der über seine Tochter Anna auch zum Großvater von Ludwig XIV. geworden war. Der Sohn Philipps III., Philipp IV., verheiratete seine Tochter Maria Theresia mit Ludwig XIV. und wurde so dessen Schwiegervater; der regierende König Karl II., Sohn von Philipp IV., war dementsprechend Schwager des französischen Königs.

Philipps III. Tochter Maria Anna war die Mutter des habsburgischen Kaisers Leopold I., der durch Heirat mit Philipps IV. Tochter

Margarethe Theresia ebenfalls Schwager Karls II. von Spanien wurde. Leopold I. verheiratete seine Tochter Maria Antonia mit dem Kurfürsten Max Emanuel von Bayern – Geld heiratet Geld. Dem Sohn Joseph Ferdinand von Max Emanuel und Maria Antonia wollte Karl II. das gesamte spanische Erbe in seinem Testament überlassen. Aber Joseph Ferdinand starb noch zu Karls II. Lebzeiten in den spanischen Niederlanden, wo sein Vater Max Emanuel als spanischer Statthalter und Vizekönig residierte, am 6. Februar 1699 in Brüssel.

Philipp Herzog von Anjou, Enkel Ludwigs XIV., wurde der Erbe. Die französischen Diplomaten eilten nach Eintritt des Erbfalls nach Brüssel, um Max Emanuel mit Entschädigungen für die Anerkennung Philipps als spanischen König zu gewinnen: monatlich 30 000 Taler für den Unterhalt der bayerischen Armee als Subsidien, Bürgschaft für die von Bayern zugunsten der Statthalterschaft in den Niederlanden aufgewendeten Millionen und für den Fall des Aussterbens des Hauses Habsburg das Versprechen der Kaiser- und Königswürde für das Haus Wittelsbach. „Die Familienbande ist die schlimmste aller Banden" (Tucholsky).

Mit den österreichischen Habsburgern stand Max Emanuel familiär nicht so gut, seit seine erste Frau, Kaisertochter Maria Antonia, bevor sie am 24. Dezember 1692 an den Folgen der Entbindung Joseph Ferdinands in Wien verstarb, auf Erbansprüche zugunsten der männlichen Nachkommen Kaiser Leopolds I. verzichtet hatte. So erhob einer dieser Nachkommen, Erzherzog Karl, Erbansprüche auf Spanien und alle Nebenlande. Vetter Max Emanuel hatte aber schnell Vetter Philipp von Anjou als neuen König von Spanien anerkannt. Mehr noch, er hatte vor seiner Rückkehr nach Bayern die niederländischen Festungen französischen Besatzungen übergeben, wobei nebenbei auch holländische Besatzungstruppen gefangengenommen und entwaffnet wurden. Generalstatthalter der holländischen Generalstaaten war Wilhelm von Oranien, in Personalunion auch König von England, Schottland und Irland. Die letzteren beiden Würden wurden ihm jedoch von Jacob II. Stuart bestritten, der – vom englischen Parlament vertrieben – in Frankreich 1688 sein Exil gefunden hatte.

Spätestens in diesem Moment der Weltgeschichte erkannten die letzten nennenswerten Fürsten in Europa den Wert stehender Heere: nicht zur Verteidigung gegen die hochgerüsteten größeren Nachbarn, für die eigene Truppen kaum ausgereicht hätten, sondern vielmehr, weil man mit vermieteten Regimentern Subsidien, Geld, viel Geld verdienen konnte. Die im Seehandel über die Weltmeere erfolgreichsten sogenannten Seemächte waren die potentesten und zuverlässigsten Einkäufer für Subsidientruppen.

Ein erster Weltkrieg – 1701 bis 1714

700000 Soldaten und Offiziere kostete der Erbstreit in den ersten 13 Jahren des 18. Jahrhunderts das Leben, weitere 300000 der Nordische Krieg 1700 bis 1721.

Ludwig XIV. überlebte den Spanischen Erbfolgekrieg um ein Jahr, starb 1715 als 77jähriger alter Herr. Welchen Gewinn brachte ihm und seinem Land das Wagnis, den Spanischen Erbfolgekrieg zu führen? Zunächst ließ es sich für die bourbonisch-französische Seite recht aussichtsreich an. Dank des bayerisch-wittelsbachischen Verbündeten konnten die sogenannten Barriere-Festungen kampflos in Besitz genommen werden; ein anderer Wittelsbacher, Joseph Clemens, Bruder Max Emanuels und Kurfürst des geistlichen Territoriums Kurköln sowie des Bistums Lüttich, eröffnete die Möglichkeit der Bedrohung der Reichsgrenze am Rhein und der holländischen Generalstaaten.

Zwei andere Verbündete jedoch, Portugal und Savoyen, wurden von der Finanzkraft der handelsstarken Seemächte ins Lager der Gegner gelockt, zwei weitere kleinere durch die Exekution des Reiches und Truppeneinmarsch bei der Stange gehalten: die Herzogtümer Sachsen-Gotha und Braunschweig-Wolfenbüttel. Doch konnte eine französische Armee in Oberitalien Teile der spanischen Erbschaft besetzen, eine andere – für den Kaiser bedrohlich nahe seiner Hauptlande – nach Bayern rücken.

Einen entscheidenden Umschwung der Lage für Ludwig XIV. und seinen Enkel Philipp V. brachte das Jahr 1704. Seit dem Jahr 1701, in dem Philipp V. den spanischen Thron bestiegen hatte, regierte Königin Anna das englische Imperium. Sie schickte ihren fähigsten Kriegsunternehmer, Herzog Marlborough, Vorfahr des im 20. Jahrhundert England politisch prägenden Winston S. Churchill, mit Truppen von der Insel zur Unterstützung der Holländer auf den Kontinent.

Herzog Marlborough hatte es der Kaiser zu verdanken, daß er – in vielfacher Bedrängnis, machtlos dagegen, daß der schwedische Wittelsbacher Carl XII. den Nordischen Krieg 1702 sogar auf Reichsterritorien ausdehnte und damit sein Ansehen bei den Reichsfürsten minderte, im Osten zudem noch von den aufständischen Ungarn beunruhigt – nicht eine weitere Niederlage einstecken und gar in Österreich und Böhmen von bayerisch-französischen Armeen heimgesucht wurde. Marlboroughs diplomatisches Geschick führte bei den alliierten Staaten den Beschluß herbei, Franzosen und Bayern aus dem Reich zu vertreiben, und dazu übertrug er sich selbst das Kommando. Der Marsch einer zunächst nicht eben bedeutenden Armee begann am 16. bis 18. Mai 1704 im holländischen Maastrich; sie bestand aus 16 Bataillonen Infanterie und 29 Eskadronen Kavallerie, rund 20 000 Mann. Vorher hatte Marlborough noch weitere Überzeugungsarbeit zu leisten bei den ängstlich auf naheliegenden Interessen der Generalstaaten beharrenden Felddeputierten Hollands, die bei einem Truppenteilabzug einen französischen Angriff von den (heute belgischen) Niederlanden fürchteten.

600 Kilometer schlechte Straßen lagen vor den 20 000 Mann, die überwiegend aus englischen Soldaten bestanden. Unterwegs schlossen sich ihnen aber weitere Kontingente an: die am Rhein stationierten Holländer, Brandenburger-Preußen, Hannoveraner, Hessen-Kasseler, Hessen-Darmstädter, Dänen und Kurpfälzer. Die Artillerie verstärkte sich nicht nur durch die Geschütze und Wagen dieser dazustoßenden Truppen, auch die Artillerie größerer Festungen und Städte sammelte sich inzwischen in Nördlingen, um sich Marlboroughs Armee anzuschließen. Außerdem wurden ihr auch Ponton-Trains zugeführt, um auf dem langen Marsch reibungslos die Flußübergänge zu meistern. Bis zu 800 Rheinschiffe folgten der alliierten Armee, mit Nachschub beladen und für den Fall bereit, daß die Soldaten in kurzer Zeit wieder in Holland gebraucht worden wären. In Koblenz, Frankfurt und Nördlingen waren große Vorratslager, von englischem Geld bezahlt, schon vorsorglich eingerichtet worden. Als im Juni 1704 die Marschkolonnen die Rheinebene verlassen hatten und in den Bergen anhaltendes Regenwetter über sie kam, das die Wege morastig werden ließ und das Schuhwerk ruinierte, wurden vom Vorratslager Frankfurt etliche 10 000 Paar neuer Schuhe abgerufen – und der Marsch konnte fortgesetzt werden.

Solches Management bedurfte mehr als der Genialität eines Generalcapitain Marlborough, doch der konnte sich auf drei wichtige Mitarbeiter stützen: General-Quartiermeister William Cadogan, General-Proviantmeister von Vorstern und General-Finanzagent

Henry Devenant. Cadogans Aufgabe war es, tagsüber von Pionieren die Straßen und Brücken auf dem Marschweg vor den Truppen ausbessern und nötigenfalls Pontonbrücken bauen zu lassen. Für die Nacht mußten außerdem Lagerplätze festgelegt werden, an denen nicht nur bei Alarm rasch eine Schlachtlinie zu bilden war, in der Mitte die Infanterie, links und rechts flankiert von Kavallerie und dahinter die Artillerie, zu ihr in entsprechendem Abstand die Munitionswagen, um Feuer und Explosionen zu vermeiden. Rechtzeitig vor dem Eintreffen am Lagerplatz mußte dieser zudem mit Wasser, Verpflegung, Brennholz und Pferdefutter versorgt werden. In der Nacht dann war ein General zuständig zu machen, der den Wachtdienst organisierte und berittene Patrouillen in der Umgebung einsetzte. Innerhalb des Lagers waren im Turnus Alarmkompanien zu bestimmen, die sofort einsatzbereit waren, andere Kompanien hatten den Artillerie- und Wagenpark zu sichern.

General-Proviantmeister von Vorstern oblag die Beschaffung der immensen Mengen an Nachschub, dazu der Wagen und des damals zivilen Fuhrpersonals mit Bespannungen – Tausende von Wagen und Abertausende von Pferden, die ihrerseits wieder Futter benötigten. Acht bis zehn Pferde brauchte ein Feldgeschütz, ein 24-Pfünder wurde mit 20 Pferden bespannt; für den Transport der Artillerie und Munition den Main aufwärts nach Wertheim und von dort nach Heilbronn waren beispielsweise 2000 Fuhrwerke nötig. Darüber hinaus war stets eine Reserve von 1000 Wagen und 2000 Pferden in Bereitschaft zu halten.

Finanzagent Henry Devenant mußte, um die prompte Bezahlung all dieser Lieferungen und Leistungen gewährleisten zu können, ein Netz von Finanzbeziehungen von Londons Lord Treasurer Sidney Godolphin über Frankfurt/Main, schon damals des Reiches und Binneneuropas Gelddrehscheibe, bis hin zu den kleineren Reichsstädten unterhalten. Marlboroughs Forderung war, daß jeder Soldat an jedem der 45 Marschtage seine ihm zustehende Ration und pünktlich den Sold in gutem Geld erhielt. All dies war in der damaligen Zeit keine Selbstverständlichkeit.

Staaten, die weltweiten Handel betrieben wie England und Holland, verfügten wohl über hinreichend erfahrene Leute auch aus dem Landadel, die solchen Aufgaben gewachsen waren. Der Absolutismus Ludwigs XIV. hingegen hatte bewirkt, daß für den Adel in der Hauptstadt Paris etwa 4 000 Hofstellen geschaffen worden waren als Entschädigung für dessen reduzierten Einfluß im Lande. Volksfern – heute würde man „abgehoben" sagen –, wie sie waren, fehlten den französischen Marschällen die Einsichten in die Bedürfnisse einfacher Leute, die ihre Soldaten waren. Am 29. Juni 1704 verließ Marschall Tallard Straßburg und marschierte mit einer Armee über Villingen und Ulm nach Augsburg. Schwierig gestaltete sich die Durchquerung des Schwarzwaldes wegen des anhaltend schlechten Wetters, der 8 000 Nachschubwagen, die mitzuschleppen waren, der vielen Krankheitsausfälle infolge unzureichender Versorgung und der ablehnenden Haltung der Bevölkerung, die mit Plünderungen in früheren Kriegen mit den Franzosen zusammenhängen mochte. Auch belagerte Tallard vom 16. bis 22. Juli vergeblich Villingen, so daß er erst am 5. August in Augsburg anlangte. Da war von den Alliierten bereits Donauwörth erobert, Ingolstadt unter Markgraf Ludwig von Baden eingeschlossen und Bayern von Streifcorps vollständig verwüstet.

Am 13. August 1704 fand dann die entscheidende Schlacht bei Höchstädt an der Donau statt. Historiker bezeichnen dieses Datum durchaus begründet als „Wende an der Donau", allerdings beziehen sie dies meist nur auf den Spanischen Erbfolgekrieg. Ich meine weiterreichende Folgen dieser Wende zu erkennen – aber davon später.

Etwa sechs Kilometer lang war die Schlachtlinie der 56 000 Bayern und Franzosen entlang des Nebelbachs im Lager nordöstlich bis nordwestlich der Stadt Höchstädt, als am Morgen die Alliierten mit 53 000 Mann von Osten her einmarschierten. Prinz Eugen mußte mit seinen Regimentern den weiten Weg entlang der gegnerischen Front nehmen, um zu dem von Max Emanuel geführten und überwiegend aus Bayern bestehenden Flügel beim Dorf Lutzingen zu gelangen, Herzog Marlborough massierte seinen Flügel vor dem Dorf Blindheim. Am Abend, als die Schlacht zugunsten der Alliierten entschieden war, hatten diese 4 635 Tote und 7 676 Verwundete, insgesamt 12 311 Mann verloren; die geschätzten Verluste der Bayern und Franzosen beliefen sich auf 5 000 bis 6 000 Tote, 7 000 bis 8 000 Verwundete und 14 000 bis 15 000 Gefangene. In der Folge mußte sich Kurfürst Max Emanuel dem Rückzug der Franzosen anschließen: über den Schwarzwald und den Rhein bis Straßburg und schließlich nach Brüssel, wo er am 1. Oktober Einzug halten konnte, wieder als Statthalter der spanischen Niederlande. Prinz Eugen aber ließ Bayern annektieren und bestimmte namens des Kaisers, daß aus dem besetzten Land die Mittel zur Kriegsführung in Oberitalien zu ziehen seien. Dies führte dann im folgenden Jahr 1705 zum Volksaufstand.

Im weiteren Kriegsverlauf wurden noch mehrere große Schlachten geschlagen, so 1706 bei Ramillies und 1709 bei Malplaquet, entscheidend aber war Höchstädt 1704. Philipp V. blieb spanischer König, jedoch mußten Frankreich und Spanien Land abtreten, unter anderem die Niederlande und einen Teil von Canada. Eine Vereinigung der beiden Länder wurde jedoch im Friedensvertrag ausgeschlossen. Frankreichs Finanzen blieben das ganze Jahrhundert über zerrüttet – und so gelangen wir wieder zum Tag, an dem Schiller seine Antrittsrede in Jena hielt. Da debattierte bereits seit drei

Wochen die Ständeversammlung in Versailles, die Ludwig XVI. wegen des anstehenden Staatsbankrotts hatte einberufen müssen. Aus ihr würde einige Wochen danach die französische Nationalversammlung hervorgehen, die Revolution beginnen...

Stehende Heere in Friedenszeiten zu unterhalten ist inzwischen weltweit die Praxis. Auch, daß diese Heere mit immer neueren Techniken aus- und hochgerüstet werden. Derzeit erleben wir, wie diese Hochrüstungen nicht zur Bewahrung des Friedens verwendet, sondern zu immer neuen Kriegen eingesetzt werden. Vielleicht findet sich das Volk gegen solche Belastung auch einmal weltweit zusammen, wie 1705 in Bayern – und dann erfolgreich?

Dann nämlich, wenn die beim Aufstand 1705 gemachten Fehler vermieden werden.

August Kühn

Der Bayerische Aufstand 1705

Sendlinger Mordweihnacht

Zusammengeschrieben nach historischen Quellen
und Überlegungen, wie es heute so ist.

Ein „Rahmenhändler", also einer, der sich in der Geschichte aus-
kennt, unterhält sich mit einem Mann von heute, einem, dem
Geschichte, das was damals geschah, nahegebracht werden soll.

Rahmenhändler
Es war im Jahre 1704, als der mit den Franzosen im Spanischen
Erbfolgekrieg verbündete bayerische Kurfürst eine Schlacht verlor
und mit der restlichen Armee außer Landes gehen mußte…

Mann von heute
Geschichte, wen interessiert das schon! Drei-drei-drei, bei Issos
Keilerei; Cäsar und Cleopatra; Dreißigjähriger Krieg 1618 bis 1648;
der Fürst gegen den König – hab' ich schon in der Schule langwei-
lig gefunden! Ich leb' heute, was geht's da mich an. Das Essen
wird immer teurer, die Mieten steigen, das Benzin, die Steuern…

Rahmenhändler
Wie damals ...

Mann von heute
Aber ich leb' heute, h e u t e !

Rahmenhändler
Was ist heute anders?

Mann von heute
Das kann ich nicht sagen. Wie gesagt, mich hat Geschichte nie
besonders interessiert, schon in der Schule nicht.

Rahmenhändler
Dreißigjähriger Krieg 1618 bis 1648, Fürst gegen König, König
gegen Fürst, ich weiß. Das ist ein Geschichtsunterricht für Gutsbe-
sitzerssöhne, für künftige Generäle. Aber warum wurden Kriege
geführt? Und warum werden Kriege geführt, heute noch? Wem
nützt das? Und wer hat es auszubaden?

Mann von heute
Wenn Sie mich fragen: Ausbaden muß immer alles der kleine
Mann.

Rahmenhändler
Ob das der kleine Mann von damals auch schon so genau wußte –
wie der kleine Mann von heute?

Mann von heute
Vielleicht – wahrscheinlich ... bestimmt!

Rahmenhändler

So ein Fürst konnte aber keinen Krieg machen ohne die vielen kleinen Leute. Und von denen wird nichts erzählt, heute, im Geschichtsunterricht. Wenn man aber die Erfahrungen von denen, von diesen vielen Millionen Menschen, die einmal gelebt und gedacht haben, wenn man die auch mitgeteilt bekommen würde? Das wär' schon was, damit könnte man etwas anfangen!

Mann von heute

Was denn? Was könnte man anfangen damit?

Rahmenhändler

Ich weiß auch nicht genau, was. Man könnte es ja einmal probieren. Machen wir doch einen Versuch…

Mann von heute

Von mir aus. Also dann, was war damals los?

Rahmenhändler

Ich hab' schon gemerkt, ich muß anders anfangen.
Ein paar Fürsten haben sich damals die Welt aufgeteilt. Einer davon, der König von Spanien, der ist gestorben ohne einen Erben. Und die anderen, die Könige von England und Frankreich und der Kaiser von Österreich, wollten sich möglichst viel von der Erbschaft unter den Nagel reißen. Dazu gehörten das Goldland in Amerika, das fruchtbare Süditalien und die gewerbefleißigen Niederlande.

Mann von heute

Wir reden immer noch von den Fürsten. Was hätt' sich denn geändert für den Zimmermann in Antwerpen, den Weinbauern in Sizilien, den indianischen Zwangsarbeiter im Bergwerk, wenn ein anderer „VON" ihn regiert hätte? Nichts, oder?

Rahmenhändler
Sein Fürst wäre mächtiger geworden, stärker und mächtiger.

Mann von heute
Mir ist heute wurscht, ob die AEG, bei der ich arbeite, oder ob MBB, Siemens oder IBM größer sind, mächtiger! Hauptsache, die Kohle stimmt!

Rahmenhändler
Der Kaiser von damals und der französische König haben viele Bauernburschen in eine Uniform stecken lassen, tausenden Handwerksburschen ein Gewehr in die Hand gedrückt und sie aufeinander schießen lassen. Daß sie die Macht und vor allem das amerikanische Gold für sie erstreiten.

Mann von heute
Und was hätt' der Schustergesell aus München und der Holzknecht aus Tölz davon gehabt? Und was war denn, wie der Kurfürst von Bayern vertrieben worden war, nach der verlorenen Schlacht?

Rahmenhändler
Was mit dem Fürsten war, das steht in den Geschichtsbüchern. Der hat mit den Franzosen zusammen noch zehn Jahre lang Krieg geführt und seine Armee befehligt. Die Kurfürstin ist in München geblieben, hat da Hof gehalten und sogar noch eine Garde für sich gehabt – bis sie nach Nizza gereist ist, gegen den Willen des österreichischen Statthalters.

Mann von heute
Weil's mir grad einfällt: Im letzten Krieg, da war ich noch ein Kind. Rübensirup hab' ich immer aufs Brot bekommen, und beim Alarm sind wir im Keller gesessen und haben gezittert, wo die Bomben hinfallen. Wo waren denn da die Groß-Aktionäre von der AEG, von Siemens, von den Banken, was haben die gegessen…

Rahmenhändler
Alles in allem lebten also der Kurfürst Max Emanuel von Bayern und seine Gemahlin weiter standesgemäß. Er im Feldlager, mit Jagden und Festen dazwischen, sie an der südlichen Sonne des Mittelmeers, mit Zofen, Pagen, Dienern, Köchen und Lakaien.

Mann von heute
Und das Volk? Was hat das noch vom Krieg zu spüren bekommen unter der österreichischen Besatzung?

Rahmenhändler
Österreich, das heißt, der Kaiser ließ weiter Krieg führen in Italien, Spanien und am Rhein. Bayern liegt dazwischen, auf dem Weg dahin. Die Soldaten mußten ein Gewehr haben, eine Uniform, Geschütze, Schuhe, damit sie den weiten Weg marschieren konnten, Essen…

Mann von heute
Heute kostet eine Armee noch weit mehr, Flugzeuge, Raketen, Panzer! Und gerade in und um München wird eine Menge davon gebaut. MAN, MBB, Krauss-Maffei…

Rahmenhändler
Mit dem Kurfürsten waren die adeligen Generäle gegangen – Arco, Maffei…

Mann von heute
Was ist nun endlich mit den Leuten, mit dem einfachen Volk?

Rahmenhändler
Dem ging es nicht überall gleich unter der Besatzung. Das kam
darauf an, was einer für einen Stand hatte, was sein Gewerbe war,
wo er gerade wohnte – aber lassen wir es uns doch von denen selber sagen: Stellen wir uns also vor...
   *...es ist im Herbst 1705, ein Jahr, nachdem die Besatzung in Bayern
eingerückt ist. In der Residenz sitzt der Statthalter Löwendahl und
regiert – und bedient sich der Beamten und Kurfürsten dazu.
Schlechter dran sind die Soldaten und Offiziere, die nicht mit der
Armee gezogen waren. Beim Dürnbräu im Tal, da sitzen zwei davon,
Johann Clanze und der Leutnant Aberle, beide ehemals kurfürstliche
Leutnants, danach bei der Garde der Kurfürstin; sie tragen abgetra-
gene Uniformen der Barockzeit, dazu aber noch neue, glänzende
weiß-blaue Schärpen. Bei ihnen mit am Tisch der Eisenhändler
Senser in gutbürgerlicher Kleidung dieser Zeit. Senser hält sie frei,
weil sie ohne Sold sind, seit auch noch die Kurfürstin weg ist aus der
Stadt...*

I.1

Clanze

Wenn ich denk', die Kameraden holen sich jetzt in Flandern ihre
Verdienste…

Senser

…oder ein Blei zwischen die Rippen…

Clanze

…wenn ich mich nur anschau', die Uniform ist schon ganz ohne
Fasson…

Senser

…aber der Wein schmeckt. Wenn ich ihn ausgeb'. Könnt euch
nicht beklagen; ihr säet nicht und erntet nicht und lebet doch…

Aberle

Sollst nicht über Sachen reden, die'st nicht verstehst, Eisenkrä-
mer.

Senser

Ich seh' bloß eins: Der Kurfürst hat euch angeworben, daß ihr für
ihn Krieg führt. Und ein Soldat, der nur herumhockt und keinen
Krieg macht, wie er's als einziges gelernt hat, ist für nichts nütz.

Clanze

Ist nicht unsere Schuld, daß wir keine Schlachten schlagen. Die Statthalterei hat uns nicht mehr bezahlen wollen als Garde, nachdem unsere durchlauchtigste Fürstin durchgebrannt ist nach Süden. Offiziere haben die Kaiserlichen selber genug.

Senser

Im Unterland macht das Volk den Krieg, ohne die Offiziere. Die kaiserliche Armee ist ihnen zuviel geworden, mit den Durchzügen, Übungen auf den Feldern, wo sie das Korn zertrampelt hat und von dem übriggelassenen auch noch das Brot wollte, im Übermaß. Wollen hat die fremden Soldaten keiner im Land. Aber jetzt müssen wir sogar noch dafür zahlen, daß wir die Besatzung hier haben. Vielleicht könnten die Unterländer, die Niederbayern ein paar tüchtige Offiziere wie euch brauchen?

Aberle

Die haben keine Armee, wie es seine Ordnung hat. Gewählt haben sie ihre Anführer – da kann ein richtiger Offizier nicht mitmachen.

Clanze

Hast recht! Aber so kann es mit uns auch nicht weitergehen. Die Stadtwachen salutieren schon nicht mehr, wenn ich vorbeigehe in meiner abgetragenen Montur. Nicht einmal die Mädchen am oberen Anger drehen sich um, wenn sie mich sehen.

Bedienung

Ist halt kein Hurenlohn mehr zu kriegen aus dem seiner Tasche – und sonst ist nicht viel dran an dem, wenn man die Litzen und Tressen wegnimmt. Früher war's freilich anders, da haben die einen Aufzug gemacht, als wären s' allein auf der Welt. Der Kurfürst hat sie nicht schlecht ausgehalten – mit Steuern und Abgaben vom Volk. Und jetzt sind die Kaiserlichen dran...

Senser
Anni! Anni! Was wischst du denn da auf den Tischen umeinander? Es kommt ja so keiner herein, hat keiner Geld, bei der Teuerung von dem Krieg. Bring uns noch einen Krug Tiroler.

Bedienung
Der Herr Eisenhändler hat aber schon sein Geld im Kasten – wegen dem Krieg. Da kann so einer schon was verdienen an Bajonetter und Flintenläuf' – die gehen dann schneller verloren wie die Sicheln und Sensen, wo ein Bauer in Friedenszeit alle paar Jahr einmal neu braucht.

Senser
Anni! Was maulst du denn da herum?
Die Dienstboten werden auch immer aufsässiger. Meinen vielleicht, wenn man einen Kurfürsten wegjagen kann, könnt's auch einmal mit einem Dienstherrn so gehen.
Brauchts ja nicht zu glauben, ich hätt' nicht zu leiden unter den derzeitigen Verhältnissen. Ihr könnts euch ja noch erinnern, wenn der Kurfürst hat ein neues Regiment ausrüsten lassen, war's ich, der das Fehlende beschafft hat. Degen, Säbel und Bajonette aus den Schmieden in Franken, Flinten aus Lüttich...

Aberle
Da muß ich was erzählen, Senser: Vor Donauwörth ist es gewesen. Wir waren auf Vorposten, ich mit einem Halbdutzend Soldaten. Neu ausgerüstet waren die – möglicherweis' aus dem Lager vom Herrn Eisenhändler Senser. Da kommen kaiserliche Reiter daher,

auch nicht mehr, wie wir waren. Ich kommandier': Gewehr auf,
Hahn in Ruh' – wart', bis die Husaren auf 30 Schritt heran sind…
grüß' den feindlichen Offizier… und dann: Feuert! Ich seh', wie die
Gegnerischen die Pferd' herumreißen und davongaloppieren, wo
sie hergekommen sind. Aber kein Büchsenkrachen! Da hab' ich
nachgesehen – waren doch die Zündlöcher nicht ganz durchge-
bohrt, daß man hat gar nicht schießen können damit.

Clanze
Glück!

Aberle
Wenn ich denk', die hätten uns ernsthaft angegriffen!

Senser
Ham s' ja nicht! Und außerdem: Ich hab' nur geliefert. Die Gewehr'
sind in Lüttich gemacht worden. Aber denkts euch nichts dabei,
die Lütticher haben auch an die Kaiserlichen die Waffen geliefert.

Bedienung
Zum Wohlsein, die Herren! … daran hat's denen noch nie gefehlt.
Beinah hätt' ich vergessen…

Senser
Vergessen! Ich hab' mein Lebtag lang noch nie was vergessen.
Was ist's denn?

Bedienung
Aus dem Unterland ist einer unterwegs her, den Passauer nennen
s' ihn. Ein Metzger hat uns die Botschaft gesagt, und daß der Passauer zum Herrn Senser kommen möcht'. Dem Herrn Dürnbräu

hat es gar nicht gefallen, daß ihr euch da mit solchen Leuten trefft, hat's mir geschienen.

Senser
Der soll sich nicht so haben! Die Statthalterei muß Wind davon bekommen haben, daß bei mir noch ein Haufen Schießpulver am Lager ist. Da muß ich vorsichtig sein. Nicht auszudenken, wenn da auch noch einer aus dem Unterland, wo der Aufstand ist, zu mir ins Haus käm'.

Clanze
Was ist eigentlich mit dem Aufstand? Die Statthalterei läßt überall in der Stadt ausstreuen, sie hätte das Heft fest in der Hand!

Aberle
Aber wenn es so wäre, bräuchten sie's nicht ausstreun.

Senser
Also, ihr kennt doch den Unertl? Bei unserem Herrn Kurfürsten war er schon in der Kanzlei. Von dem hab' ich's, daß der Statthalter Löwendahl schon ganz verzagt ist. Im ganzen Niederbayern gärt es schon lange, weil die am meisten zu leiden hatten unter Durchzügen, Getreide- und Pferdelieferungen für dem Kaiser seinen Krieg.

Aberle
Und das noch dazu gegen den eigenen Landesherrn!

Senser
Das wird denen gleich sein, für wen und gegen wen. Wichtig ist, daß es ihnen zuviel geworden ist. Zuerst haben sie dort den Nach-

schub überfallen, kleine Posten ausgehoben, die Steuereinnehmer
ausgeplündert und vertrieben. Bald hat sich auf dem flachen Land
kein Österreicher mehr blicken lassen dürfen. Aber dann sind sie
mit den Handwerkern in den Städten zusammengegangen, haben
auch die kleinen Garnisonen erobert. Und jetzt machen sie gar
noch einen Landtag.

Aberle
Einen Landtag? Was ist das?

Clanze
Du weißt aber auch rein gar nichts! Eine Versammlung von den
Adeligen und Würdenträgern aus den niederbayerischen
Bezirksämtern halt. Solche, die dem Kurfürsten immer die Zustim-
mung zu den neuen Steuern geben.

Senser
Nein! Ich glaub', dieser Landtag in Burghausen soll auch noch zu
was anderem gut sein. Auch die Adeligen sind kaum drin vertreten, was man so hört. Bloß ein paar Pfarrer. Und ein Stadtschrei-
ber, Plinganser mit Namen, soll den Vorsitz führen.

Clanze
Schöner Landtag. Wenn unser Herr Kurfürst im Lande wär', damit
könnte der nicht einverstanden sein.

Aberle
Ach woher! Der würde die Dragoner hinschicken und den Haufen
auseinanderjagen lassen.

Clanze

Und mit solchen Leuten machst du gemeinsame Sache, Senser?
Ich werd' mir meinen Wein wieder selber zahlen müssen.

Senser

Von was möch'st denn zahlen, wo jeder weiß, daß ihr keinen Knopf
Geld mehr habt? Außerdem muß ICH ans Geschäft denken. Und
daß es nicht so weitergehen kann, sagt ihr ja auch. Der Kurfürst
muß wieder her ins Land, dann wird schon wieder eine Ordnung.

Aberle

Aber der ist weit, an der holländischen Grenze droben.

Senser

Wenn aber die Bauern die Besatzung aus dem Land jagen, kann er
wieder einziehen.

Clanze

Und deshalb willst du den Aufständischen Pulver liefern und deine
schlechten Gewehre, damit es schneller geht?

Senser

Da möcht' ich nicht drüber geredet haben!

Aberle

Das wäre immer erst noch allein Niederbayern. Im Oberland aber
sind die Bayern noch friedlich.

Senser

Und werden ruhig bleiben, wenn nichts Besonderes geschieht.
Weil sich bei denen fast nichts geändert hat unter der Besatzung.

Die haben kaum Getreide, weil es ihnen nicht gut wächst. Und das Milchvieh läßt sich nicht wegfahren wie das Brot, an die Front, für die Soldaten vom Kaiser. Wenn nichts Besonderes geschieht!

Aberle
Was soll denn schon geschehen? Den Gefallen tut uns der Löwendahl nicht, daß er denen im Oberland die Steuer hinaufsetzt, daß sie auch noch aufständisch werden.

Clanze
Wo er so schon zu tun hat, mit denen im Unterland fertig zu werden.

Senser
Vielleicht fällt den Herren was ein? Ist ja quasi beinah ihr Fach. Ich muß jetzt gehen. Bis morgen. Pfüat enk!
Anni, wenn die Herren Offiziere noch Durst haben, einen Krug kannst auf meine Rechnung schreiben – aber bring ihnen den billigen, jetzt, wo s' allein saufen…

I.2

Rahmenhändler
In München lagen zur selben Zeit nur sehr wenige Truppen der
Kaiserlichen, zwei Regimenter fränkische Kreis-Infanterie.

Mann von heute
Schon. Aber über das Volk habe ich noch immer zu wenig erfah-
ren. Ich bin weder Waffenhändler noch ehemaliger Berufssoldat.
Das weiß ich auch noch: Nach dem Hitlerkrieg waren die Offiziere
bald in sicheren Stellungen, Generalswitwen erhielten höchste
Renten, und die Arbeiter, notdürftig zusammengeflickt, mußten
sich wieder an die Maschinen stellen.

Rahmenhändler
Vorschnell wäre es, wenn man nun den Schluß zöge, seit damals
hätte sich nichts verändert, das Waffengeschäft blühe wie eh und
je, und die Generalswitwe sei im Fall des Falles überreich versorgt; aber schauen wir wieder zurück...
*... der Student, den man den Passauer nennt, wird sicher einiges zu
berichten haben. Er sitzt gerade in der Wirtsstube beim Dürnbräu
und unterhält sich mit der Bedienung...*

Bedienung
Daß man den Herrn Studiosus so einfach in die Stadt gelassen hat?
Wo Sie doch aus dem aufständischen Niederbayern herkommen!

Student

Daß ein Aufstand ist, weiß man also auch in München? Aber merken kann man's nicht, wenn man so herumschaut. Die kaiserlichen Soldaten liegen bei den Bürgern im Quartier, und die tun so, als ob es unserem Herrn Kurfürsten die seinen sind.

Bedienung

Gehört hab' ich, daß die Bauern und Bürger eine eigene Regierung machen?

Student

Kann leicht sein. Aber die in der Stadt sind scheint's zufrieden damit, vom Statthalter Löwendahl regiert zu werden.

Bedienung

Mein Dienstherr, der Dürnbräu, ist bestimmt gut bayerisch gesinnt, da kann man ihm nichts nachsagen. Aber der meint, wenn man einen Besitz hat, da darf man nichts riskieren, weil man auch eine Verantwortung hat. Letzthin hat er einen Brauburschen auf die Straße gejagt, weil der so gottlose Reden geführt hat geg'n die Besatzer und den Krieg.

Student

Und wie steht's dann mit dir, Wirtsdirn, du hast doch kein Haus und Gewerb'? Wo stehst dann du?

Bedienung

Mir geht's nicht schlecht, freilich könnt's besser sein, das schon. Aber wenn ich ein Bursch wär' und man möcht' mich ins kaiserliche Heer pressen – dann nähm' ich lieber das Gewehr für die eigene Sach' in die Hand.

Student
Denken viele in der Stadt so wie du?

Bedienung
Schimpfen tun viele, aber machen tut keiner was. – Bist vielleicht
du zum Kundschaften geschickt, Student?

Student
Mich hat keiner geschickt. Zum Herrn Senser möcht' ich. Am End'
kann der einen brauchen für seine Geschäft', der kundig ist in der
Jurisprudenz. Drum bin ich hier.

Bedienung
Soo! Ja dann – der Herr Senser wird bald da sein.

Student
Bring noch einen Wein – der Senser zahlt ihn.

Bedienung
Ihr seid Euch aber schon sehr sicher.
… Wenn man als Weib nicht für voll genommen wird, können s'
auch nicht erwarten, daß man ihnen hilft bei ihrem Kampf …
Grüaß enk, Herr Senser. Da sitzt schon wieder einer und trinkt auf
Euer Wohl und Eure Kosten.

Student
Herr Eisenhändler Senser …? Wegen Euch bin ich in der Stadt
hier.

Senser

Grüaß enk! Was reißt sich da alles um mich, einen kleinen Kaufmann? Setzt Euch hin und macht kein großes Aufhebens. – Anni, mir bringst ein Bier – Wein kann ich mir nicht immer leisten bei den derzeitigen schlechten Geschäften!

Student

Ich komm' vom Plinganser, vom Bayerischen Volkslandtag…

Senser

Nicht so laut! Das braucht doch nicht gleich jeder zu wissen!

Student

Im Niederbayerischen meint man, beim Senser liegt noch allerhand, was man so zur Volksbewaffnung brauchen könnt'. Drum komm' ich her, um drüber zu reden.

Senser

Meint man das? So – es wird viel geredet.

Student

Wo doch der Kurfürst beim Senser eingekauft hat, wird der schon was hergeben für die bayerische Sach'.

Senser

Wenn ich der bayerischen Sach' helfen kann, tue ich's. Aber…

Student

Also sagt man das Richtige…

Senser

…aber ich bin Eisenhändler, hab' nichts zum Herschenken in dieser schlechten Zeit.

Student

Wir können schon was zahlen!

Senser

Freilich, habts ja die ganzen kaiserlichen Gelder geplündert!

Student

Geplündert? Das Geld gehört dem Land. Da wird drauf geschaut, daß kein Kreuzer in unrechte Hände kommt – genau abgerechnet wird. Aber Waffen dafür kaufen ist nicht unrecht.

Senser

Ich hab' nicht gesagt, daß ich Waffen liefern kann. Und wenn, wie wären die aus der Stadt zu bringen? Was ich fragen wollt', man hört da wilde Sachen von einem Landtag ohne Adel, einer Regierung ohne Fürsten, was ist da dran?

Student

Das Volk weiß recht gut, was das Land braucht. Und der Fürst ist nicht bei der Hand, da muß es auch ohne ihn gehen – und es geht recht gut. Wenn bei den Soldaten einer verwundet wird, kriegt er danach grad soviel wie ein Bettler, bei den Aufständischen aber wird gut gesorgt für Leute, die unverschuldet in Not gekommen sind. Und das Brot wird so verteilt, daß jeder bekommt, was er nötig hat.

Senser
Ich kann nicht gleich einen Bescheid geben, das will gut überlegt sein.

Ach, die Herrn Offiziere Clanze und Aberle! Da hockts euch her, und ihr kriegts auch was zum Saufen.

Aberle
Grüß Gott!

Clanze
Da wären wir wieder! Wer ist er?

Senser
Von den Aufständischen kommt er. Student ist er.

Aberle
Hab's mir schon gedacht, daß er kein Bauer ist, riecht gar nicht nach Mist.

Clanze
Daß du es ausgehalten hast, mitten unter diesem Gesindel? Die sollen sich ja aufführen wie die Tiere!

Student
Freilich, es sind viele ungebildete Leute dabei. Aber ...

Clanze
Stehlen sollen sie, wo sie hinkommen, Frauen schänden. Wenn ihnen ehrliche Soldaten in die Hände fallen, gibt's keine Gefangenen.

Student

Davon hab' ich nie etwas zu sehen bekommen, und wenn es der-
gleichen gegeben hätt', wär' es mir nicht verborgen geblieben.
Wenn das Aufständischenheer etwas braucht, zahlt es gutes Geld
dafür, und eine Frau rührt auch keiner an, wenn sie nicht will –
ganz anders wie die kaiserlichen Soldaten. Etliche von denen
haben sie schon eingefangen. Aber wenn die sich ergeben haben,
wurden ihnen immer nur die Waffen abgenommen, und sobald es
ging, hat man sie laufenlassen. Nicht wenige aber sind freiwillig
geblieben und haben sich dem Aufstand angeschlossen.

Aberle

Trotzdem...

Senser

Sie kämpfen für ihren angestammten Kurfürsten, muß man bedenken!

Aberle

Sag, Student, was denken die Bauern, was wird, wenn unser Kurfürst wieder in sein Land einzieht?

Student

Vom Kurfürsten ist wenig die Rede.

Clanze

Es wird Zeit, daß sich auch noch was anderes tut in Bayern! Wir
sind deinem Rat gefolgt und haben uns was einfallen lassen.

Senser

Ich hab' keinen Rat gegeben.

Clanze

Wir kennen da den Gauthier. Bei einem bayerischen Regiment war er einmal Fourier. Der kennt vom durchlauchtigsten Hof eine Person...

Senser

Der? Ein Küchenmädchen vielleicht, das könnt' schon sein.

Clanze

Jedenfalls wird der uns ein Papier beibringen, einen kurfürstlichen Erlaß, daß man auch im Oberland ein Aufgebot zu stellen und zu bewaffnen hat.

Student

Ein echtes?

Aberle

Ein Papier eben, ein Papier, verstehst?

Clanze

Dann machen wir auch München frei von Kaiserlichen, und der Kurfürst kann zurück in seine Residenz.

Aberle

Dafür gibt mir der Max Emanuel, unser Kurfürst, sicher ein Patent als Oberst.

Clanze

Man wird sehen. Vielleicht kann ich noch einen Adelsbrief dazubekommen.

Senser

Mir müßt' er nur die Konkurrenz vom Halse schaffen. Aber noch ist es lange nicht so weit. Noch sind die Bauern aus dem Oberland nicht aufständisch – und dann, wie sollte man die wohl bewaffnen? Und München ist als Festung ausgebaut mit Wall und Graben, wie kämen die dann in die Stadt, wenn's soweit wär'?

Aberle

Den Aumeister Daiser kennt ihr? Der ist ein gut bayerisch gesinnter Mann und kann im Norden eine Pforte an der Mauer öffnen, zu der er einen Schlüssel hat.

Student

Studenten gibt es auch in der Stadt. Degenfechten können die, man müßte sehen, daß sie sich beteiligen.

Clanze

Wär' nicht schlecht, das könnten die schon machen! Und deine braven Bürger, Senser, was ist mit denen?

Senser

Man müßte schauen, daß die auf die Straße gehen.

Aberle

Was wir noch brauchen, ist eine unverfängliche Verbindung zu den Orten im Oberland.

Senser

Ich komme nicht mehr viel herum in der letzten Zeit. Aber … die Wirte in München kaufen doch den Wein im Süden ein. Über so einen wäre das schon zu machen, so einer fällt nicht auf, wenn er ins Oberland reist.

Aberle

Meinst du einen bestimmten?

Senser

Reden wir doch mit dem Dürnbräu. Anni! Anni! Hol uns doch einmal den Bräu her!

Bedienung

Warum? Ist was auszusetzen am Wein, ist das Bier nicht frisch?

Senser

Red nicht soviel! Hol den Dürnbräu!

Bedienung

Ich sag's ihm.

Senser

Aber der wird auch was haben wollen fürs Mitmachen.

Clanze

Man könnte sich dafür verwenden, daß er an den Hof liefern darf, wenn der Kurfürst wieder da ist. Der Khidler wird Hoflieferant.

Bedienung

Der Herr Bräu sagt, er könnt' grad nicht weg, weil er eine frische Sud auf der Pfanne hat.

Senser

Sag, er soll trotzdem kommen. Es wäre bestimmt nicht ohne großen Vorteil für ihn.

Bedienung
Ich sag's ihm.

Clanze
Bei seiner Sud muß er bleiben, wenn es um Bayern geht!

Aberle
Wenn ich denk', wie wir draufgeschlagen haben, wie es um Bayern ging, bei der Schlacht von Höchstädt...

Senser
... und wie ihr den Krieg verloren habt, wie es um Bayern ging...

Aberle
... und wie die Eisenhändler verdient haben an dem Waffenglump, mit dem wir haben Krieg führen müssen...

Clanze
Hör auf damit, Kamerad. Der Senser hat es schon einmal erklärt, wie's damit ist.

Bedienung
Der Dürnbräu laßt sagen, er kann grad wirklich nicht. Aber ein anderes Mal hat er schon einmal Zeit.

Senser
Hast ihm gesagt, daß es ihm einen großen Gewinn eintragen kann?

Bedienung
Wenn er doch grad nicht kann!

Student

Aber wie sollen dann die ganzen Bauern zusammenkommen, wenn
es schon schwierig genug ist, einen Wirt herzubekommen?

Clanze

Mit unserem Papier in der Hand bringen wir die ehemals kurfürstlichen Beamten, die Landpfleger, dazu, daß die das übernehmen.
Und das Volk ist es gewohnt, darauf zu hören, wenn was von oben
verordnet wird. Schimpft zwar manchmal, aber dann gehorcht es
schon.

Aberle

Wir, von Gnaden des Allmächtigen Kurfürsten Maximilian Emanuel,
rechtmäßiger Kurfürst in Bayern, befehlen allen unseren Unter-
tanen, allen voran denen des Oberlandes, ein Landesverteidigungs-
werk in Stand zu setzen. Dazu hat jeder Hof, bei verwirkter Straf'
von Feuer und Schwert, bei Nichterfüllung einen Mann zum Kampf
zu stellen ...

Clanze

Klingt schon ganz gut, oder ...

Senser

Ach so! Der Philipp Gauthier ...

Student

Dir ein Obristenpatent, dir einen Adelsbrief, dir ein Handelsmo-
nopol, der Khidler soll Hoflieferant werden ...

Clanze

Für dich findet sich auch noch was in der Hofkanzlei ...

Student

So war's nicht gemeint! Aber habt ihr schon überlegt, was das Volk dafür bekommen soll?

Clanze

Das Volk?

Aberle

Das tut doch nur seine Pflicht!

I.3

Mann von heute
So ist das immer! Wenn ein paar Anführer oder Funktionäre was auskochen, brauchen sie die einfachen Leute, und wenn es dann klappt mit so einem Plan, dann nützt es nur denen, die vorn dran stehen. Der kleine Mann hat nichts davon – nur Arbeit und Aufregung und, wenn was schiefgeht, den Schaden.

Rahmenhändler
Immer? Aber die Niederbayern haben doch auch ihre Sache selber in die Hand genommen, ohne Anführer?

Mann von heute
Die haben doch auch einen gehabt, den Schreiber, den Plinganser.

Rahmenhändler
Schreiben und lesen muß einer schon können für so was. Damals hat das noch lange nicht jeder können. Aber heute können es doch fast alle, oder?

Mann von heute
Ich hab' noch was auszusetzen: Außer der Bedienung war immer noch wenig zu sehen von den einfachen Leuten von damals.

Rahmenhändler

Mit dem vom Fourier und Regimentsschreiber Gauthier gefälsch-
ten Dekret des Kurfürsten hat man im Oberland die Bauern
zusammengerufen, nachdem in Königsdorf ein paar Weinwirte,
Offiziere und Landpfleger bei einem Spanferkelgelage einen Plan
gemacht hatten, wie man München von der kaiserlichen Besatzung befreien könnte. Die Offiziere Aberle und Clanze steuerten
noch einen Vorschlag bei, wer das Kommando übernehmen sollte:
Balthasar Maier, ein gewesener Hauptmann der abgedankten
Landfahnen. Gehen wir am 19. Dezember 1705 nach Tölz, von wo
man den Zug nach München beginnen will, an die Floßlände, wo
die einfachen Leute bereitstehen.

Mann von heute

Gut, da mach' ich mit.

Rahmenhändler

*...steigen wir also wieder in unsere Geschichte hinein. Wieder sind
wir in einer Wirtsstube; aber nicht im Dürnbräu zu München, son-
dern in der Königsdorfer Tafernwirtschaft. Es ist der 16. Dezember
1705. Unter den Gästen befinden sich so honorige Leute wie Johann
Jäger, Weinwirt und Mitglied des Äußeren Rates zu München, 1667
zu Tölz als Sohn des Gastgebs und Bürgermeisters Jäger geboren;
Franz Jäger, dessen Bruder, Weinwirt zu Tölz; Hans Michael
Schaindl, Bierbrauer zu Tölz; Anton Fichtner, Maierbräu zu Tölz;
Adam Schöttl, kurfürstlicher Revierjäger, Jäger-Adam genannt;
Johann Georg Khidler, Weinwirt im Tal zu München, gebürtig von
Thanning, Amt Wolfratshausen, und vor fünf Jahren durch Einheirat
in ein Witwengut (mit sieben Kindern) zum Stadtbürger geworden;
Georg Hallmayr, Bierbrauer im Tal zu München und Khidlers Nach-
bar; sowie Anton Passauer, Student der Rechte der Universität Ingol-*

stadt, Sohn des verstorbenen Gerichtsschreibers von Rauhenlechsberg
und Einmieter beim Jägerwirt zu München in der Löwengrube; dazu
eine Wirtsdirn von Königsdorf als Bedienung.
Weil die Versammelten von gutbürgerlichem Stande sind, wird reich-
lich aufgefahren mit Branntwein, Bier und wohl auch Brathendl und
kälbernen Haxen mit Knödel, weil aufgeheizt werden muß nach dem
weiten, winterlichen Ritt...

Mann von heute

Um was kann es solchen Leuten gehen, die ein gutes Auskommen
haben, Einnahmen aus Besitz durch Mieten und Geschäfte? Um
was, wenn sie organisieren, daß die noch weit ärmeren Leute auf-
stehen gegen die Obrigkeit? Um was, frag' ich – und was läßt die
kleinen Leute auf sie hören?

Jägerwirt

Was fragst du mich? War es nicht immer so? War Moses nicht
Wesir des allmächtigen Pharao, beamtet an so hoher Stell', daß
höher er nicht steigen konnte, als nur noch selber ein Pharao zu
werden? Das damalig' Volk, gern hat es ihm geglaubt, daß er sie
besser führen werde. Hätt' es einem seinesgleichen geglaubt
anstelle Moses? Der Administrator Graf Löwendahl, ein hoher
Herr, vom Kaiser eingesetzt, der wird gehört. Der Kurfürst, der
vertriebene, nur der erscheint dem niedern Volk noch höherste-
hend. Also sagen wir: Rechtens ist, w a s einer mächtig ist, was
einer mächtig ist, ist rechtens.

Mann von heute

Was einer mächtig ist, ist rechtens. So sagen wir's im Jahre Neun-
zehnhundertsoundsoviel zwar nicht mehr, aber wenn man Zwei-
tausendsoundsoviel schreibt, wird man es noch immer denken.

Jägerwirt

Ich kann dir sagen, was mich am durchlauchtigsten Kurfürsten so
hängen läßt, so daß ich Kopf und Hals riskier'. Wo ich nach München kam als kleiner Mann, als Kellner, da hab' ich's wohl zu
spüren gekriegt, das Kleine-Leute-Leben, bis ich mit meinem Erb-
teil vom Vatergut hab' Bürgerrecht und Wirtshaus kaufen können.
Daß aber die Konkurrenten, die Alteingesessenen in der Stadt,
mich nicht gleich wieder runtergemacht haben, hat es viel Gefälligkeit gebraucht für Leute, die in des Kurfürsten Residenz herein-
gekommen sind. Trabanten, Pförtner, Hofkutscher waren es
zuerst, die ihren Feierabendschoppen zu minderem Preis bei mir
erhielten. Von denen wurde Kunde von mir gebracht zu niederen
Schreibern und Kanzlisten. Als mir der Magistrat der Stadt den
Einstand in den Äußeren Rat nicht zugestand, da waren es schon
höhere Hofbeamte, die doch noch meine Ratsmitgliedschaft
bewirkten. Nun aber ist der Hof vertrieben, und wenn der samt
dem Kurfürsten durch unseren Aufstand wieder zurückkehren
kann – an dem der Weinwirt und Äußere Rat Johann Jäger seinen
Anteil hatte –, dann wird man so eine Gefälligkeit nicht vergessen
und wohl auch vergelten – und nicht nur mit Geld. Muß einer
schon ganz ungeschickt sein, wenn er im Schatten der Mächtigen
zum Schwitzen kommt.

Mann von heute

Blut und Wasser haben inzwischen bis heute viele schwitzen müssen, und noch mehr, wenn sie unter den falschen Schatten gerannt
sind…

Jägerwirt

Halt' uns nicht länger auf, wir müssen unseren Aufstand richten.
Sollten wir was Falsches anrichten, dein Vorteil ist es. Vielleicht

kannst du was daraus lernen für deine Zeit. Ich erlaub' es dir, setz dich in eine Ecke und bleib stumm, als Volk.

Hallmayr
Dauert das heraußen auf dem Lande immer so lange mit dem Bier? Kein Wunder, daß ihr es zu nichts bringt! B e - d i e - n u n g !

Schaindl
Ihr von eurer seichten Stelle an der Isar, aus der Landeshaupt- und Residenzstadt! Bildet euch noch was Besonderes darauf ein? Zu nichts bringen, Hallmayr! Woher kommt denn alles Übel, das unser Geld kostet, Hallmayr, woher? Ich sag's dir – aus der Stadt, von der regiert wird, aus München, ganz gleich, ob unter dem Kurfürsten, seiner hochwohlgeborenen Gemahlin oder dem Administrator.

Fichtner
Die kurfürstliche Durchlaucht hat seit über 20 Jahren immer nur die Mittel für seine Truppen, seine Regimenter aus unserem Land geholt. Für den Kaiser, seinen Herrn Schwager, um dem gegen die Türken beizustehen; für seinen Vetter in Savoyen; für den spanischen König, daß der dem Kurprinzen sein Erbe hinterläßt. Wie der vor dem Erben hingestorben ist, hat unser durchlauchtiger Landesherr sich mit den Franzosen vertragen und wieder neue Truppenrüstungen unternommen. Dazu sind uns auch noch diese Verbündeten ins Quartier gekommen, und wo sie von den kaiserlichen Soldaten außer Landes getrieben worden sind, da liegen uns die im Haus und auf der Tasche und verlangen auch noch unsere Landeskinder als Rekruten!

Jägerwirt
Auch den Münchnern ist es zu viel geworden...

Fichtner
Wenn die Frau Kurfürstin bei ihren Kindern in der Stadt geblieben
wäre, hätte das ganze Rentamt München keine kaiserliche Besatzung bekommen müssen. Aber die hat ja zum venezianischen Karneval reisen müssen...

Schaindl
Aber wir sind doch nicht zum Räsonieren über die Obrigkeiten
zusammengekommen.

Jägerwirt
Eben nicht. Gestern war der Postmeister Hierner aus Anzing bei
dir, Hallmayr. Sag, was ihr abgesprochen habt.

Khidler
Ich war auch dabei. Hab' mich auch mit dem Postmeister Hierner
beredet. Der hat uns die Kunde gebracht, daß im Innviertel und im
Rottal unter dem Kommando des Gerichtsschreibers Plinganser[*]
und des Studenten Meindl[**] die Städte Burghausen, Braunau, Sim-
bach und Vilshofen befreit worden sind. Sie haben die adeligen
Räte zum Mitmachen gezwungen und ihnen das Heft aus der Hand
genommen. Und in den letzten Tagen hat der Obrist der Armee
der bayerischen Landesverteidigung, der Hofmann, die kaiserlichen Soldaten vor sich hergetrieben bis in den Forst von Ebers-
berg. Sollen die Unterländler und Innviertler Bayern ganz allein
befreien?

---

[*] *Georg Sebastian Plinganser,* Mitterschreiber des Gerichtes Reichen-
berg, Sohn eines Wirtes in Pfarrkirchen, geboren 1680, Student der
Rechte in Ingolstadt, Anführer der Taschner Bauern (siehe auch
Personenverzeichnis)

[**] *Johann Georg Meindl,* Anführer der Innviertler (Weilharter) Bauern,
Sohn eines Wirtes in Altheim, Philosophie-Student in Salzburg

55

Hallmayr
Sollen wir uns lumpen lassen?

Student
Die Studentlein bei den Jesuiten in der Stadt sind leicht auf Seiten
von einem Aufstand, wenn es losgeht...

Khidler
Schulbuben...

Jäger-Adam
Die Hofbediensteten sind auch gleich dabei, weil denen der Lohn
geschuldet wird, seit die gnädigste Frau Kurfürstin fort ist. Und
nun sollen die Prinzen auch noch weg von der Residenz, hört man,
dann sind sie ganz ohne Arbeit und Brot...

Jägerwirt
Soll Braunau oder Burghausen vielleicht die Haupt- oder Residenzstadt von Bayern werden? Schon reden die vom Bürger- und Bau-
ernparlament dorten im Namen des ganzen Fürstentums. – Nein,
jetzt kommt es drauf an, daß die Hauptstadt befreit wird, und die
Kurprinzen sind unser Unterpfand, daß Bayern keine Provinz von
Österreich wird. Sag es ihnen, Hallmayr, was die Münchner selber
dazu tun werden!

Hallmayr
Etliches!

Schaindl
Wird schon viel sein...

Jägerwirt
Hört doch zu!

Hallmayr
Wenn ihr vom Oberland vor die Wälle und Mauern gezogen
kommt, machen wir euch die Tore auf und lassen euch herein.
Den kaiserlichen Soldaten nehmen wir die Waffen weg und verteilen sie an eure Leute, wenn diese noch nicht ausreichend bewaffnet sind.

Fichtner
Wenn wir die Oberländer zusammenbringen, wer soll sie dann
anführen auf so einem Marsch? Das muß man können!

Jägerwirt
Das wird sich finden – ich kenn' da schon einen.

Franz Jäger
Mit leeren Händen können wir von Tölz nicht nach München kommen, Bruder!

Jägerwirt
Mein Freund und Ratskollege, der Eisenhändler Senser, wird morgen schon eine Ladung Pulver und Blei zu euch bringen lassen.

Schaindl
Wenn das so ist – ich sag' wenn –, dann wird unser Pflegskommissär Dänkel, ein gut bayerisch gesinnter Beamter, schon hinreichend Leute aufbieten können. Und der kennt auch die Beamten
von den nachbarlichen Bezirken, den Alram von der Grafschaft
Valley und den Richter Eder von der gräflich-preysingischen Hof-

mark, und kann die auch dafür gewinnen, ihre Leute zu schicken.
Doch auf die Münchner, da müßte schon Verlaß sein ...

Jäger-Adam
Ich, der Jäger-Adam, ich helf' schon dazu, daß ein Verlaß ist. Auch
kenn' ich den Forstmeister Daiser vom nördlichen Revier vor der
Stadt, der in der Vorstadt Lehel behaust ist.

Fichtner
Hinein müssen wir!

Jäger-Adam
Im Lehel kann man den Münchnern das Wasser abstellen für die
Wasserleitungen, dann hat die Administration kein Löschwasser,
wenn mit feurigen Kugeln hineingeschossen wird.

Franz Jäger
Geschossen wird nur, wenn du das versprochene Pulver lieferst.

Jägerwirt
Versprochen ist versprochen, wirst schon sehen.

Schaindl
Und wann soll es soweit sein?

Student
Lang können wir uns nicht Zeit lassen, sonst findet sich leicht ein
Verräter, der uns der Administration vermeldet. Und weil es eine
heilige Sache ist, für sein Land und angestammtes Fürstenhaus
sein Schwert zu ergreifen, würde ich meinen, der Heiligabend
wäre der rechte Zeitpunkt für diese gerechte Sache.

Franz Jäger
Wer ist er?

Jägerwirt
Er logiert bei mir.

Fichtner
Mir ist es gerecht, wenn ich keine besonderen Abgaben leisten muß an die Administration, wenn ich keine fremden Soldaten einquartiert bekomme, wenn meine Bräuburschen ihre Arbeit tun können und nicht für dem Kaiser seine Kriegssachen nach Italien ziehen müssen …

Khidler
Laßt den Studenten Passauer nur ausreden. Mir ist es schon wichtig, daß es um eine gerechte Sache geht und nicht zu einer wilden Revolte wird. Der hat das Recht studiert und kennt sich aus.

Hallmayr
Ein Manifest vom durchlauchtigen Kurfürsten, das wäre schon was. Schwarz auf weiß ein Papier, auf das man sich berufen kann.

Fichtner
Ja, genau ein solches, das man dem Pfleger Dänkel zeigen kann …

Student
In München, in der Residenz, da sind doch Beamte zu finden, die uns ein solch Papier abfassen – dem Sinn nach und in Vertretung für die Durchlaucht, denn die ist fern in Brüssel und nicht mehr zu erreichen in der kurzen Frist, zumal die Grenzen fest geschlossen und bewacht sind.

Khidler

Man kann den Beamten ja draufhelfen, damit das richtige Schreiben dabei herauskommt.

Jägerwirt

Ich habe die richtigen Leute an der Hand, den Ignaz Haid von der kurfürstlichen Regierung, den Geheimsekretär Urban Heckenstaller und noch andere – ich werde es samt dem Pulver und Blei vom Eisenhändler Senser selber zu euch nach Tölz bringen, das wichtige Papier. Bald mach' ich noch alles selber, den ganzen Aufstand.

Franz Jäger

Na, na, ein bißchen was bleibt schon noch zu tun für uns andere…

Schaindl

Wir müssen zu einem Ende kommen. Müssen noch in der Nacht in Tölz ankommen.

Student

Heim müssen sie zu ihrem eigenen Bettzipfel, die ehrengeachteten Bürger.

Franz Jäger

Umtreiben tun sie, die Studenten – aber wenn sie erst beamtet und mit eigenem Hausstand sind, wird man schon sehen…

Jägerwirt

Es bleibt also dabei, am Heiligen Abend wird München von der widerrechtlichen Administration befreit? Ist es beschlossene Sache?

Alle anderen
Beschlossene Sache.

Jäger-Adam
Der Pfleger Dänkel, jetzt kann ich's euch ja sagen, hat mich her-
umgeschickt, um zu erkunden, was aus den umliegenden Bezirken
an wehrhafter Mannschaft zusammenkommen könnte. Von Valley,
Benediktbeuren und Lenggries allein schon um die 2000...

Jägerwirt
Wolfratshausen, Starnberg, der Zugang aus dem Rentamt München, bewaffnet mit den 8000 Flinten aus dem Schloß Hohenburg,
die sie sich nehmen – fast ist's nicht not, daß die Unterländer uns
noch Hilfe schicken, was sie jedoch tun. Um die 25000 werden es
allein aus dem Rentamt München und dem Oberland sein – und
die Besatzung, über die der Administrator Löwendahl in München
verfügt, ist knapp 2000 Köpfe stark.

Schaindl
2000? Nicht mehr? Und wegen denen so viel Umständ'? Die Schützen aus Tölz allein täten hinreichen, daß man sie zum Laufen
bringt bis hinauf zu den Franken, wo sie her sind, dem Vernehmen
nach... Auf das befreite Bayernland!

Student
Warum liegen im Schloß Hohenburg 8000 Gewehre?

Jägerwirt
Warum, warum – sie liegen halt. Halt dein Maul und kümmere
dich um die Jesuiten-Studentlein und die Hofbediensteten und
schreib was Gescheites auf für den Regierungsadjunkten Haid!

Franz Jäger

Ist doch nicht alles so sicher, wie du sagst?

Jägerwirt

Mußt nicht auf so einen Studierten hören. Wirst es sehen, wenn ich mit Zeug für euch nach Tölz komm'. Und wenn du Bürgermeister wirst, wie unser Vater selig gewesen ist.

Mann von heute

Und was hat unsereiner davon?

Fichtner

Ja, was sagen wir dem gemeinen Mann, was er an Nutzen davon haben wird? Keine Beamtenstelle mit reichem Sold wie die Studenten, keine Ratsstelle wie ein reicher Weinwirt, keine Privilegien wie ein Brauherr – was wird ein gemeiner Mann von der Straße erwarten dürfen, daß er uns leichter mitgeht?

Student

Nicht nur, daß es die Pflicht eines bayerischen Menschen ist, für sein angestammtes Fürstenhaus einzutreten, zu verhindern, daß dessen unmündige Kurprinzen außer Landes gebracht werden; nicht genug damit, daß solches – quasi Notwehr – eines jeden Bayern Pflicht ist. Zusätzlich soll jeder Landesverteidiger in München mit einer vollständigen Montur ausgestattet werden und diese – einen Leibrock, ganze Hosen, Strümpfe, Schuhe und Halstuch sowie Hut – auch gleich mit nach Hause nehmen dürfen. Es werden, denke ich, bei den Regimentern noch Uniformen vorrätig sein, und auch im kurfürstlichen Spinnhaus in der Au wird sich was finden.

Schaindl

Ich werde einiges Bier zu den Sammelplätzen bringen lassen – die
Kasse der Oberländer Landesdefension muß es mir halt späterhin
ersetzen.

Fichtner

Dazu kann ich auch beisteuern. Und die Bäcker sollen Brot liefern
– Essen und Trinken, dazu einen ganzen Flecken auf dem Arsch,
braucht ein gemeiner Mensch mehr zum Leben?

Jägerwirt

Wäre es zuviel Opfermut, wenn ein Brauherr einen Sud als Freibier stiftet?

Schaindl

Jetzt wird es wirklich Zeit, daß wir uns auf den Heimweg machen.
Es bleibt dabei, wir warten auf dich und deinen Transport aus
München!

Jägerwirt

Wir haben es nicht so eilig wie die Tölzer. Brauchen erst zurück in
München sein, wenn dort die Stadttore geöffnet sind, dann fällt es
nicht auf, wenn wir heimkommen, merkt kaum einer, daß wir aus-
häusig waren.

Student

Sagt an, Jägerwirt, warum habt ihr den Tölzern soviel Verspruch
gemacht, was den Zuzug von Mannschaft aus München und aus
dem Münchner Rentamt angeht? Und dazu die Waffen, die doch
kaum in einem kleinen Landschloß lagern! Ob die es geglaubt
haben?

Hallmayr
In allen Geschäften soll einer nicht glauben, sondern zusehen, daß
er zu Wissen kommt.

Jägerwirt
So ist's! Selber schuld, wenn einer einfach nur was glaubt.

Student
Und wenn es so ist, wenn sie es glauben? Könnt' doch sein, daß sie
deshalb weniger Eifer darauf verwenden, möglichst viele Männer
für den Marsch auf die Stadt München auf die Beine zu bringen!

Khidler
War das Euer Bedenken, Student, das Euch vorhin hat zur Unzeit
darüber reden lassen?

Student
Ja, sind wir denn nicht alle Verschworene, die am selben Strang
ziehen?

Mann von heute
Das meine ich doch auch, daß es bei so einer ernsten Sache wie
einem Volksaufstand ehrlich zugehen muß – ohne Lug und Trug!

Jägerwirt
Wo ist ein Volksaufstand im Oberland? Ja, am Inn drüben reden
vielleicht die Bauern mit, aber hier ist es die legitime Landesverteidigung …

Mann von heute
… zu der ihr noch ein falsches Manifest schreiben laßt!

Student

Muß eben das Volk lernen, daß ein Aufstand noch nicht schon deshalb eine bessere Angelegenheit ist, weil es ein Aufstand ist! Und hinhören lernen, wer ihm was vorsagt und wem es nachredet!

Mann von heute

Nur noch Wahrheit und Gerechtigkeit werden herrschen, wenn der Kurfürst Maximilian Emanuel wieder in Bayern regiert! Und nur noch blühen werden Landschaft und Wohlstand – noch in meinen Tagen wird man auf solche hohlen Sprüche lauschen und nicht fragen: W I E .

Kurbayerische Armee beim Dorf Lutzingen (Schlacht bei Höchstädt 1704)

Stab von Max Emanuel beim Dorf Lutzingen

Englischer Einschließungsring beim Dorf Blindheim

Prinz Eugen schießt einen flüchtenden kaiserlichen Kürassier vom Pferd

Fränkische Kreisinfanterie auf dem Feld vor Sendling (1705)

General Kriechbaum läßt seine Geschütze vor Sendling auffahren

Oberländer Bauern im Dorf Sendling

Böllerkanone der Oberländer Bauern

Ungarische Lehotzky-Husaren reiten Oberländer Bauern nieder

Aufständische fangen einen abgeworfenen Husaren ein

Aufständische laufen um Gnade flehend aus dem Dorf und werden zusammengeschossen

Hauptmann Maier und ein Trommler mit weißer Fahne beim Versuch, Kapitulationsverhandlungen aufzunehmen

II.1

Rahmenhändler
...der Aufstand war praktisch ausgemacht. Schauen wir doch einmal
zu den kleinen Leuten, was die so reden... dort, bei einem großen
Faß stehen drei Bauern herum und trinken und schnupfen zwischen-
durch. Abseits von ihnen hockt ein vierter Bauer und unterhält sich
mit seiner Frau. Auf einem Haufen liegen Geräte der Volksbewaff-
nung: geradegeschmiedete Sensen, Dreschflegel und ein paar
Prügel...

1. Bauer
Kalt ist's, wenn man so herumsteht, sich nicht rührt.

2. Bauer
Uns wird schon warm werden, bei dem langen Marsch.

3. Bauer
Wenn uns nur nicht zu warm wird. Wenn wir an die Soldaten kommen, mein' ich.

Frau
Mußt du denn wirklich selber mitgehn? Viele schicken nur einen
Knecht oder einen Sohn.

4. Bauer

Wir haben keinen Knecht auf unserm kleinen Sach.

Frau

Weil wir auf keinem großen Hof sitzen.

4. Bauer

Es ist drum. Der Kaiser führt einen Krieg mit dem französischen Ludwig um irgendeine spanische Erbschaft, von der ich nicht einmal weiß, wo das Sach liegt. Die mich auch nichts angeht. Aber die Kosten sollen wir doch tragen – und alles wird teurer, weil soviel Gerät für den Krieg gemacht wird. Drum geht's.

Frau

Ich weiß nicht, ob's denen, die euch antreiben, ob's denen auch drum geht. Den Landpfleger Alram mein' ich, die kurfürstlichen Offizier' und den Jägerwirt.

4. Bauer

Gefallen tut mir das auch nicht sonderlich. Aber wenn mir die Macht ham, im Land und auch in München drin, dann werden wir schon sehen, wie mir die noch brauchen können.

1. Bauer

Sag, Frau, willst deinen Mann nicht mitgehn lassen? In solchen Zeiten wie den unsrigen kannst nie sicher sein, daß er dir bleibt. Es soll schon vorkommen sein, daß sie einen vom Feld geholt haben, wenn ihnen ein Soldat gefehlt hat. – Und wir gehn selber und zu unserm eigenen Nutzen.

Frau

Wenn ich da drüber ganz sicher wär'…

1. Bauer

Es ziehen sogar etliche Bürger von Tölz mit, auf dem Pferd, grad schneidig sind s'. Wenn man die reden hört, erobern s' ganz allein die Stadt.

2. Bauer

Und Bier ham sie uns gestiftet, für den Marsch.

Frau

Weil man euch leichter hineinhetzen kann, wenn ihr besoffen seids.

3. Bauer

So was is politisch, das ist Männersach! So was verstehn die Weibsleut ned.

Frau

Freilich! Ich versteh' bloß, daß man euch zusammenflicken muß, als Frau, wenn einem dabei was zustößt. Und wenn einer gar nimmer kommt, steht man allein als Frau und muß die Kinder großbringen. Soviel versteh' ich schon von eurer Männerpolitik.

4. Bauer

Recht hast, aber das laßt sich erst ändern, wenn sich das Volk befreit und selber eine Ordnung macht.

Frau

Wie soll das werden, wenn so eine neue Ordnung wieder nur die Männer machen, ohne uns zu fragen?

4. Bauer

Ich kann es auch nicht genau sagen, wie es werden wird, aber ich denk', es wird schon noch seine Zeit brauchen, bis es soweit ist. Es ist aber nichts gewonnen, wenn die Weiber gegen die Manner und die Manner gegen die Weiber im Volk einen zusätzlichen Krieg führen.

Frau

Also, wennst meinst, du mußt gehn, dann geh halt zu. Hast deine warme Weste unterm Rock, daß d' mir nicht krank zurückkommst. Schau, daß d' wieder ganz heimfindest, stell dich nicht ganz vorn hin. Aber wenn's drauf ankommt, schenk ihnen nichts!

4. Bauer

Ich paß schon auf!

1. Bauer

Grad sagen sie die Parole durch: Liawa boarisch sterbn – wia kaiserlich verderbn.

2. und 3. Bauer

Liawa boarisch sterbn – wia kaiserlich verderbn!

4. Bauer

Liawa boarisch lebn – wia am Kaiser Kriagssteiern gebn, so tät's besser stimmen. Mir sollten besser aufpassen, daß ned immer falsche Parolen ausgeben werden.

1. Bauer

Sind doch nur Parolen, is doch wurscht!

4. Bauer

Wenn man aber genau hinschaut und hinhört, merkt man's, was
einer damit will und was es für einer is.

1. Bauer

Kommts, nehma unsere Waffen. Viel ham mir eh ned, aber die
werden schon langen.

2. Bauer

Die Tölzer haben aber einen Haufen Gewehre zum Schießen. Und
die können auch umgehen damit.

3. Bauer

Jetzt tut's einem fast leid, daß man sich früher, in Friedenszeiten,
drum herum gedrückt hat, beim Landaufgebot mitz'machen, da
haben sie gelernt, wie man mit einem Gewehr umgeht. Da hat keiner dran denkt, daß man so ein Gewehr auch einmal umdrehn
kann.

2. Bauer

Geh' ma halt, wenn's sein muß. Ich möcht' nur wissen, was s' mit
uns vorham.

1. Bauer

Ja du bist gut! Warum bist denn überhaupt mitgangen?

2. Bauer

Von Valley bin ich, Dienstmann bei einem Bauern, der dem Grafen
Arco zins- und lehenspflichtig is. Der Graf ist bei seiner Armee,
aber die Gräfin ist dablieben. Drum hat mich mein Hofherr
geschickt.

3. Bauer

Ich bin aus dem Pfleggericht Miesbach und gehör' zu einem Frei-
herrn, der da sein Schlössel und sechs Höfe drum herum hat. Wie
der Spanische Erbfolgekrieg angefangen hat, ist der Offizier worden. Wie ihm beim Werben nicht genug freiwillig als Soldaten
zugelaufen sind, hat er alle Knechte von den Höfen geholt. Drum
bin ich vom Guckhof selber da, meine Söhne sind noch zu jung.

2. Bauer

Dann bist du der Guck? Wie kommst zu so einem Namen?

3. Bauer

Mein Hof ist auf einem Hügel droben, da sieht man weit ins Land.
In Kriegszeiten muß dann immer einer auf Ausguck sein und
gleich ins Schloß melden, wenn ein Feind im Anzug ist, damit die
schnell packen und davonfahren können.

1. Bauer

Ich komm' von hinter Tölz, am Bergwald hab' ich ein kleines Sach.
Sechs Kinder hab' ich und eine Frau. Von mir will das Kloster und
der kaiserliche Statthalter so viel Steuer, daß mir nichts mehr zum
Essen bleibt bei der Teuerung, wo man bald nichts mehr kaufen
kann. Oder ich bleib's schuldig, und sie vertreiben mich dann von
Haus und Hof. Wenn's dann dumm geht, stecken s' mich gleich
noch in eine kaiserliche Montur, und meine Alte kann Trossweib
machen.

4. Bauer

Wenn man weiß, daß man nichts zu verlieren hat, genau besehen,
geht man nicht schwer mit.

II.2

Rahmenhändler

Schlecht ausgerüstet zogen die Bauern in einem langen Heerzug
auf die Hauptstadt zu. Vielen fehlte eine gute Waffe wie diesen vie-
ren. Aber sie waren einmal beieinander und hatten unterwegs Zeit,
miteinander zu reden und sich über die eigene Lage klarzuwerden.
Damals gehörten von den in Bayern vorhandenen Bauernhöfen
56 Prozent den Klöstern und der Kirche, 24 Prozent dem Adel,
14 Prozent dem Landesherrn, 2 Prozent weltlichen Stiftungen,
und nur 4 Prozent waren freieigne Bauerngüter.
Heute ist es übersichtlicher geworden: Bei der Volkszählung in
der Bundesrepublik 1969/70 verfügten 5 Prozent der Bevölkerung
über 78 Prozent des Produktivvermögens.

Mann von heute

Stimmt, davon hab' ich gehört. Da fällt mir ein: Heute ist man in
der Stadt, wenn man in einem Betrieb arbeitet, mehr beieinander,
wie es gewöhnlich damals die Bauern waren, jeder auf seinem Hof.
Aber geredet wird heute auch noch nicht genug über Sachen, die
einen jeden angehen. Dafür aber zuviel über Fußballspiele, wo
doch die Spieler dafür bezahlt werden. Genauso wie die Schauspieler vom Fernsehen. Eine Frage hab' ich aber noch, im Moment:
Ein Schmied von Kochel ist mir 1705 noch nicht begegnet. Der hat
doch heute sogar ein Denkmal. Waren denn überhaupt aus Kochel
welche dabei?

Rahmenhändler
Das ist nicht ohne Ironie: Nein, aus Kochel waren keine bei dem
Oberländer Aufstand! Und 300 Bauern, die erschlagen wurden,
haben zusammen nur ein Kreuz bekommen, dafür ein Schmied,
der nicht einmal so gut erfunden ist, für sich ein Denkmal.

Mann von heute
Mich wundert bald nichts mehr. Aber wie kommt's zu so was?

Rahmenhändler
Das hängt mit der Geschichte zusammen. Gut 100 Jahre nach dem
Bayerischen Aufstand waren die Bayern selber als Besatzer in
Tirol. Als Gegenstück zum Andreas Hofer haben dann, als Recht-
fertigung quasi, bayerische „vaterländische" Dichter diesen
Schmied von Kochel geschaffen. Und wieder 100 Jahre später hat
im Auftrag seines Königs ein Professor der Geschichte, Sepp mit
Namen, den Volksaufstand zum Märchen der patriotischen Erhe-
bung aus Treue zum angestammten Haus Wittelsbach umfrisiert.

Mann von heute
Da war so eine Heldenfigur grad recht, die hätt' nicht fehlen
dürfen.

Rahmenhändler
Damals hat auch der Sozialdemokrat Karl von Wallmenich eine
wissenschaftliche Studie dagegen verfaßt, die solche Geschichts-
verfälschung richtigstellt. Doch wer liest schon so etwas?

Mann von heute
Mich wundert ohnehin, daß von einem Aufstand überhaupt einmal
berichtet wurde.

Rahmenhändler

Das ist in neuerer Zeit nicht besser geworden. Was hört man vom Aufstand 1848 in München, von der Kommune in Paris 1871, was von der Räterepublik 1918 schon in der Schule?

Mann von heute

Nichts!

Rahmenhändler

Doch wir sollten weiter mit den Bauern 1705 nach München ziehn …

… Schäftlarn, am Tage vor Weihnachten ist's. Die Bauern sind in einer kahlen, einfachen Wirtsstube beieinander. Sie sind nicht eigentlich die Anführer der aufständischen Oberländer. Der berechtigte, zum Ausbruch gekommene Volkszorn ist allgemein und hat nur Sprecher, die, auswechselbar, Mund der vorherrschenden Meinung sind. Anders die Vertreter der bürgerlichen und privilegierten Kreise. Drei Bauern sitzen um den Tisch herum, vor sich Bierkrüge, daneben sitzen der Student „Passauer" und ein Pfarrer in bürgerlicher Kleidung …

1. Bauer

Hätten wir nicht vielleicht doch, so wie die im Unterland kämpfen sollen? Nicht gleich den großen Feldzug auf München …

Student

Kämpfen nennt ihr das?! – Nachschub plündern, kleine Posten ausheben, Brücken abwerfen und Wege ungangbar machen? Räubern ist's würdig, nicht aber einem ehrlichen Mann. Ja, sündhaft ist's, sagt Ihr doch auch, Hochwürden?

Pfarrer
Nun, da wir schon da sind, wird der Herr schon der gerechten
Sache den Sieg nicht versagen. Aber wart Ihr nicht auch im Unter-
land, Passauer?

2. Bauer
Viel gerechte Sachen hat es schon gegeben, da hat kein Gott
geholfen – aber wir haben unsere Fäuste, Piken, Stöck' und wohl
auch etliche Gewehre samt dem Pulver und Kugeln dazu.

3. Bauer
Verred's nicht, die Kaiserlichen in München haben auch genug
Waffen, dazu auch Mauern, Wälle und Kanonen drauf.

1. Bauer
Aber die Bürger! Die machen uns doch die Aumeisterpforten auf.
Die Studenten warten aufs Sturmläuten und besetzen dann die
Wachstuben. Die Bürger bleiben dabei nicht ruhig, die gehen
auch auf die Straßen. Der Senser hat sich dafür verbürgt, deshalb
konnt' er uns keine Waffen liefern, weil sie s' ja selber brauchen.
Sind doch auch alle Bayern!

3. Bauer
Aber haben Haus und Gewerb', Pferd' und Wagen.

1. Bauer
Und? Bayern sind's doch auch?

2. Bauer
Und die kaiserlichen Soldaten liegen bei ihnen in den Stuben,
bekommen Salz und Sauer, Licht und Holz, fallen ihnen zur Last.

3. Bauer

Mein Bub war vor etlichen Tagen in der Stadt drinnen. Da hat er
sagen hör'n, daß, wenn wir, die Bauern, in die Stadt hineinkom-
men, alles stehlen und nehmen, weil wir Besitzlose sind, wie die
Heiden oder Türken.

Student

Aber auf die Studenten ist Verlaß!

3. Bauer

Wenn s' nicht saufen ... und ...
Ich versteh's ja, ich hab' auch meinen Kummer manchmal beim
Bräu ersäuft. Aber gebts mir doch zu, mal seids ihr Studenten
gleich bei der Hand mit dem Aufbegehren, loderts hoch auf, 's ist
aber nur ein Strohfeuer, leicht zu löschen mit einem vollen Faß.
Unser Kampf, des Volkes Kampf, ist aber kein Studentenhändel.
Ums Recht geht's da, für Leib und Leben.

2. Bauer

Nicht für die Ehre oder irgendeine Fahne.

1. Bauer

Abgaben haben die Kaiserlichen eingetrieben ...

Pfarrer

Die hat es immer gegeben. Recht ist's des Herrn des Landes von
Gottes Gnaden.

1. Bauer

Dem Herrn? Wer ist das? Der Max Emanuel? Oder der Kaiser?
Der Papst in Rom? Oder gar der Herrgott droben? Und wo war

denn der mit seiner Gnade, wenn solche Herrn die Bauern geschunden haben beim Hand- und Spanndienst oder um die Abgaben?

Pfarrer
Versündig' dich nicht, Bauer!

1. Bauer
Sünd' ist das keine, mein' ich, wenn ich keinen Herren nicht find', von Rechts wegen!

Pfarrer
Herren hat es immer gegeben. Ordnung haben sie zu halten, wie es Gott gefällig ist.

1. Bauer
Kriege machen, ist das dann auch eine Ordnung? Das Unterste zuoberst kehren, brennen und morden? – Hatten immer das Recht auf ihrer Seiten, wenn sie die Stärkeren waren. Aber mal da, mal dorten, in der Schweiz, in den Niederlanden, in England gar, wo man einen König zum Henker geschickt hat, da…

Pfarrer
Ketzer waren's!

2. Bauer
Aber f r e i e r sind s'!

Student
Jetzt sagt bloß nicht, Hochwürden, mit dem Bösen waren die im Bund, die Geusen in den Generalstaaten und die Eidgenossen. Ich mag keine Märchen, Hochwürden!

3. Bauer

Der Kaiser läßt immer sagen, er sei der Herr über alles Deutsche. Nur er könne es vertreten und dürfe mit fremden Staaten paktieren. Und unser Kurfürst sei reichsverächtlich, ein Verräter an der deutschen Sache, weil er mit dem französischen Ludwig ein Bündnis gemacht hat. So hat es der Ausrufer auf den Märkten verkündet.

1. Bauer

Wenn aber die Bayern nicht von ihm, dem Kaiser, und seinem Löwendahl regiert werden wollen?

2. Bauer

Nach der Besetzung hat es geheißen, das bayerische Volk stehe in der allerhöchsten Huld. Für uns sei der Krieg vorbei, keiner bräuchte mehr eine Waffe anrühren. Aber bald darauf haben die Militärs keine Ruhe mehr gegeben. Rekruten haben sie geworben, gepreßt. Daß nicht selten der Bruder gegen den Bruder steht – und eines jedem Herr sagt ihm, es sei fürs Recht. Mir wissen aber doch, daß es nur um die spanische Erbschaft geht.

4. Bauer

Der Hauptmann Maier ist gekommen. Schaut grad die Waffen an, die wo mir ham.

2. Bauer und Student

Und?

4. Bauer

Er macht ein bedenklich's Gesicht!

Pfarrer

Ich hab' an meine Hauserin geschrieben. Daß sie mir meine Peru-
quen, Pistolen und Schabrunken schickt. – Wenn es soweit ist,
jetzt bald, muß ich aber ausrücken ohne das. Und wenn ich bles-
siert werd' oder gar auf den Tod verwundet dalieg' – keiner kennt
dann meinen Stand.

Student

Ohne Perücken stirbt's sich grad so gut!

3. Bauer

Da ziehen wir weg von Weib und Kindern, und Ihr denkt an solchen Firlefanz. Perücken, Schabrunken! Ich hab' auch keine! (Der
3. Bauer stürmt um den Tisch herum, bleibt neben dem Pfarrer
stehen, der noch immer nicht begreift, was er mit seiner Rede aus-
gelöst hat) … so ist's gottgefälliger … (er fährt ihm mit der Hand
über den kahlen Schädel) … so hat er dich geschaffen, auch ohne
die silbernen Knöpf'… (reißt einen Knopf vom Rock des Pfarrers.
Der Student drängt sich dazwischen, schiebt den Bauern vom Pfarrer weg. Auch die anderen Bauern fahren von den Stühlen auf, mit
drohenden Gebärden stehen sie dann da. – In diesem Moment
kommt der Hauptmann Maier zur Tür herein.)

Maier

Was ist denn da herinnen? Nirgends eine Ordnung und Disziplin!
Aber da ist ja ein Pfarrer – und Ihr seid wohl der Student Passauer,
von dem geredet wird? – Jemand, der einen versteht, mit dem man
verständlich sprechen kann.

Student

Na, was sagt Ihr, Hauptmann, zu dem Heer, das sich Eurem Kommando unterstellt?

Maier

Heer? Beliebt Ihr das Heer zu nennen? Den Haufen ungehobelter Bauernlackel? Wenn Zeit wäre, ich würd' ihn schon zurechtschleifen, aber so ... Morgen sollten wir vor München stehen.

Student

Sollten? Morgen sitzen wir schon in den warmen Wirtsstuben in der Stadt, beratend, wie es weitergehen wird.

Maier

Mit denen da ... – wenn Ihr mich fragt: N e i n !

1. Bauer

Was soll das heißen?

Maier

Geht wieder nach Hause, mit e u c h i s t k e i n S t a a t z u m a c h e n .

1. Bauer

Du gehst mit uns, weil du das Kriegshandwerk verstehst. Wenn wir es selber könnten, würd' kein Hahn krähn nach dir.

Maier

Von Bauern laß ich mir nichts befehlen!

1. Bauer

Jetzt hör' gut zu, Soldat, was ich dir sag': Bevor der Krieg war, haben wir dich gut gefüttert ...

Maier

Ihr? – Der Kurfürst zahlte mir den Sold.

1. Bauer

Und der hat alles Geld von uns. Von unserer Knochen Arbeit, oder
woher sonst…? Wie wenig doch so einer weiß…! Also warst du in
unserm Sold, verstanden? Wenn du das Landaufgebot hast exerzie-
ren wollen, hast du dir die schönsten Sommertage ausgesucht
dafür. Nichts hast du gelten lassen, nicht, daß es zum Grünfutter
mähen Zeit ist, nicht, wenn einer schwach war an den Gliedern.
Paßt, der Kerl…, war deine Rede – damals.

Bauern

Richtig – stimmt – so war's!

1. Bauer

Und jetzt, wo unsere Zeit ist, wo wir dich brauchen? Dafür brauchen, wofür du jahrelang gemästet worden bist wie ein Ganser?
Jetzt möcht' es dir nicht passen?

Maier

Bei so unverschämten Reden geh' ich ganz einfach.

1. Bauer

Bei unsereinem hätt' man das desertieren genannt. Du bleibst!

3. Bauer

Was hast du dir eigentlich gedacht, wofür wir dir dein Wohlleben
gezahlt haben von unserer mühseligen Arbeit? Daß du auf uns,

deine wahren Dienstherrn, nur herunterschaust, voll Dünkel? –
Angebunden und gefesselt nehmen wir dich mit. Dir soll es auch
nicht besser gehn wie uns. Vielleicht fällt es dir unterwegs dann
wieder ein, für wen man dich hat etwas lernen lassen.

III.1

Mann von heute

Heute, scheint's mir, ist es immer noch nicht so weit, daß die, auf
deren Ausbildung viel Geld aus öffentlichen Kassen verwandt wird,
wissen, wer ihr Dienstherr ist. Nicht nur die Militärs, auch Archi-
tekten, Ingenieure versauen unsere Städte, in denen wir wohnen
müssen! Techniker und andere Wissenschaftler sinnen darauf, wie
man Waren produzieren kann, die, kaum gebraucht, auch schon
verschleißen, und Psychologen gibt es, die beraten Werbemana-
ger, wie man's anstellt, uns den miesen Plunder auch noch zu ver-
kaufen. Aber wie kann man das machen, diese Leute zu zwingen,
ihre Arbeit dann für uns zu tun und nicht für die wenigen, die sich
Besitz und Macht im Staate teilen? – Den Bauern ist es scheint's
auch nicht gelungen.

Rahmenhändler

Den Maier haben sie aber nicht weglaufen lassen, damit er sich
einen Dienstherrn sucht, der ihn bezahlt für sein Können, das er,
genau besehen, wirklich von den Bauern finanziert bekommen
hat. Mit ihm ging nun der Marsch nach München weiter...
*... indessen in München in der Herzog-Max-Burg; dort ist die kaiser-
liche Administration einquartiert, weil die Residenz noch Sitz der
kurfürstlichen Familie ist, obwohl der Kurfürst in Brüssel, die Kurfürstin in Italien weilt und nur die Kurprinzen mit einem reduzierten Hofstaat dort wohnen. – Versetzen wir uns in einen Salon, der*

vom Administrator Löwendahl bewohnt wird. Eine Aufwärterin ist
damit beschäftigt, den Raum zu putzen und in Ordnung zu
bringen ...

Aufwärterin
Froh soll ich sein, froh! Froh, daß ich in der Herzog-Max-Burg
arbeiten darf. Weil sie mich in der Residenz drüben nicht mehr
brauchen, weil da nur noch die durchlauchtigen Prinzen sind, seit
die durchlauchtige Frau Kurfürstin zum Karneval nach Venedig
gefahren ist und die Administration sie nicht mehr ins Land
zurückgelassen hat.
Froh!
Obwohl der Dreck von der Administration auch kein anderer ist
als der von den Kurprinzen und ihrem Erzieher, dem Grafen
Törring.
Der Herr von Unertl hat es mir angeschafft, das Frohsein, wie er
mich von der Residenz in die Administration zum Arbeiten
gebracht hat.
Boden wischen, Staub wischen, Fenster putzen, Tisch polieren,
Geschirr wegtragen, Gläser wegtragen, ja, das kann man unsereinem alles anschaffen. Befehlen. Aber froh sein?
Sei Sie froh, daß Sie nicht auf der Straße liegt! Die niederen Hofbediensteten, die sie hinausgeworfen haben, weil sie nicht mehr
gebraucht worden sind und sie sparen müssen, die liegen nicht auf
der Straße, weil die gar nicht mehr in die Stadt herein dürfen, weil
die ausgesperrt sind in die Vorstadt Lehel. Wenn sie die durchlauchtigen Kurprinzen wegschaffen aus der Stadt, dann werden
noch ein paar mehr überflüssig, sogar ein paar Hochwohlgeborene
wie der Graf Törring. Aber so ein Graf liegt natürlich nicht auf der
Straße. Für so einen findet sich immer wieder was Standesge-
mäßes.

Neid?

Der Beichtvater von den Franziskanern hat mir eingeschärft, daß unsereiner keinen Neid haben darf, weil es sündhaft wäre. Du sollst nicht begehren deines nächsten Hab und Gut. Sagt der Herr Pater. Was sagt er aber den hochwohlgeborenen Herrschaften, wenn sie den Zehnten verlangen von uns kleinen Leuten? Stammen die doch auch von Adam und Eva ab, wie es in der Christenlehre beschrieben wird. Ach so, auf die ist eine besondere Gnade gefallen, heißt es. Gnade der hohen Geburt. Aber gerade die Leute mit der Gnade, die ihnen schon in den verschissenen Windeln steckt, die begehren das Hab und Gut auch von den anderen Begnadeten, deswegen wird jetzt gerade der Krieg um die spanische Erbschaft geführt. Und die kleinen Leute ohne besondere Gnade, die sind es, die für die Kosten von diesem Krieg herhalten müssen mit ihrem Hab und Gut und mit ihrem Leben, wenn man sie zu Soldaten preßt.

Sündhaft! Und Gnade!

Irgendwann muß das angefangen haben, daß so ungerecht verteilt worden ist unter die Adam- und Eva-Kinder. Aber unsereinem wird es als Sündhaftigkeit ausgelegt, wenn man nur drüber nachdenkt. – Oder wenn man überhaupt denkt?

Als eine Gnade soll ich es ansehen, daß der Engelhart Wastl, immerhin Kavalierskoch, zu mir ins Bett steigen hat mögen. So hat es mir der Pastetenkoch Eckart von der Residenz ausgedeutet, wie ich mich bei ihm über die Zudringlichkeit vom Wastl beklagt hab'. Für ein einfaches Weibsleut wie unsereins soll ein Mannsbild schon eine Gnad' sein! Meine Gnad' ist jetzt mit einem Schießprügel zu den aufständischen Oberländern, weil es ihm der Eckart und der Senser eingeredet haben, daß er dadurch einen sicheren Aufstieg erlangt, wenn der Kurfürst davon hört. Und ich sitze hier in der Administration und soll froh sein. Dabei ist es nicht heraus, ob mich der Engelhart Wastl geschwängert hat. Wenn was passiert, hat er versprochen, sorgt er schon für mich und den Bankert. Und wenn jetzt ihm was passiert? Ein Weiberleut ist immer ausgeschmiert!

Unertl (kommt herein)
Der Herr Administrator Graf Löwendahl ist nicht zugegen?

Aufwärterin
Seht Ihr ihn irgendwo? Dann ist er nicht hier.

Unertl
Was ist mit angemessener Subordination? Frauenzimmer, Weibsbild unverschämtes! Sag Sie zunächst ihren Gruß...

Aufwärterin
Euer Gnaden wollen es mir ungebildetem Weib nachsehen. Gott zum Gruß, gnädiger Herr kurfürstlicher Hofrat und Geheimer Sekretär.

Unertl
Auch Sie könnte wissen, daß wir nunmehr nicht mehr so zu titulieren sind, wo wir für die Administration der kaiserlichen Majestät die ständischen Finanzen im Rentamt München zu verwalten übernommen haben.

Aufwärterin
Sogar ein fetter Kater fällt immer wieder auf seine Beine.

Unertl

Was hat Sie da zu murmeln?

Aufwärterin

Verzeihen, gnädiger Herr, mir ist da eben ein Unsinn eingefallen…

Unertl

Behalt' Sie ihn künftig für sich – es scheint beim gemeinen Volk die Frechheit überhand zu nehmen. Es meint wohl, die obrigkeitliche Ordnung sei im Schwinden begriffen. Wie es sich irrt. Folgt doch der einen stetig eine andere Obrigkeit.

Löwendahl

(kommt herein, setzt sich in einen Sessel am Tisch, winkt der Aufwärterin, sich zu entfernen, dann dem sich tief verneigenden Unertl, sich ihm gegenüber an den Tisch zu setzen.)

Unertl

Gestatten, gräfliche Gnaden…

Löwendahl

Keine Förmlichkeiten, dafür ist heute keine Zeit, mein Lieber. Hat Er Informationen über die Lage im Oberland?

Unertl

Man sagt, die Oberländer stehen noch immer bei der Isarbrücke bei Schäftlarn und fordern von den Pflegämtern Starnberg, Dachau und Bruck den Zuzug von bewaffneten Mannschaften. Seit die Bauern unsere Reiterpatrouille abgefangen haben, kommt nur noch wenig Kunde in die Stadt herein.

Löwendahl
Ich werde eine neue Patrouille auf Kundschaft hinausschicken
müssen. – Und im Osten die Unterländer, wie steht es bei denen?
Das sind dem Ansehen nach die Radikaleren bei diesem Aufstand.
Haben damit angefangen, sich eine eigene Regierung und ein eige-
nes Gesetz zu geben...

Unertl
Was zählt das Gerede von Bürgern und Bauern, von Schneidern,
Schustern und Müllersknechten?

Löwendahl
Es zählt so lange nichts, solange eine Armee mit guten Waffen uns
vor ihnen schützt. Die Militärgarnison in München ist schwach,
und Obrist de Wendt mußte sich vor den Unterländern bis Anzing
zurückziehen. Halten sich wenigstens die Stadtbürger in München
ruhig – das müßt Ihr doch wissen?

Unertl
Solange die Münchner im Bräuhaus beim Bier sitzen können, halten sie ruhig...

Löwendahl
Ich werde ein Mandat hinausgehen lassen, das ihnen Ruhe verord-
net. Für Freibier freilich fehlt das Geld. Das braucht der Prinz
Eugen, um in seiner kaiserlichen Majestäts Namen in Italien den
Krieg gegen die Franzosen zu führen. Wußte doch schon unser
kaiserlicher Feldmarschall Graf Montecuccoli: Für den Krieg
braucht man drei Dinge – erstens Geld, zweitens Geld und drittens
Geld.

Unertl

Wir haben im Rentamt München an Steuern, Abgaben und Strafgeldern eingetrieben, was nur gerade möglich war.

Löwendahl

Das waren die kurbayerischen Beamten gewöhnt schon in den Zeiten des geächteten Wittelsbachers, des gewesenen Kurfürsten Max Emanuel. Ich habe sagen gehört, die bayerischen Bürger hätten sich dazumalen gesorgt, ihr ehrgeiziger Fürst brocke das Bayernland noch seiner Statthalterschaft in den spanischen Niederlanden ein.

Unertl

Halten zu Gnaden, wenn ich bemerken dürfte ...

Löwendahl

Nun?

Unertl

Die bayerischen Beamten, jedweder Obrigkeit stets loyal, wie jedermann weiß, sie sind beunruhigt von dem Gerücht, die Kurprinzen würden weggeschafft, sodann die Residenz aufgelöst und dadurch ihre Ämter abgeschafft.

Löwendahl

Wie sollte ich! Ich werde sie neuerlich den Treueid auf die kaiserliche Majestät schwören lassen, ebenso die Stadtverordneten Münchens. Dem Ochsen, der da drischt ...

Unertl/Löwendahl

... soll man das Maul nicht verbinden.

Löwendahl

Nun tragt schon vor, was Euch Eure Lauscher und Späher in der Stadt berichtet haben und was sonst so anliegt.

Unertl

Bei den Wirten im Tal, besonders im Weißen Bräuhaus, sind in den letzten Tagen verschiedentlich verdächtige Personen gesehen worden. In der Vorstadt Lehel geht beim arbeitslosen Gesindel vom entlassenen niederen Hofgesinde aufsässiges Gerede um. Der Aumeister Franz Daiser könnte ein denkbarer Anführer dort sein, er wurde aus der inneren Stadt vor drei Tagen vom Hofkoch Sebastian Engelhart und dem Studenten Anton Passauer, Aftermieter vom Jägerwirt in der Löwengrube, besucht.

(Indessen schwindet langsam das Licht im Salon. Es wird schließlich dunkel. Nacht.)

Aufwärterin

(trägt einen Kerzenleuchter herein und stellt ihn vor dem am Tisch schlafenden Löwendahl ab. – Aus der Ferne sind vereinzelte Gewehrschüsse zu hören.)
Gnädiger Herr?

Löwendahl

(aus dem Schlaf erschreckt auffahrend) Was ist das? (er eilt ans Fenster) Auf der Straße draußen ist niemand, alles ruhig. Der Herr von Unertl soll kommen! Rasch!

Aufwärterin

Sofort, gnädiger Herr, ich laufe, es Herrn von Unertl auszurichten.

Löwendahl
Der Pöbel ist also doch vor die Stadt gezogen. Nimmt denn diese
gottlose Impertinenz immer mehr zu? Vergessen denn diese
gewöhnlichen Menschen vollkommen auf ihre Pflicht, den Gehor-
sam gegen ihre Obrigkeit? Mit fortschreitenden Zeitläufen wird es
noch dahin kommen, daß der gemeine Plebs, daß das niedere Volk
beim Regieren mitreden will. Leute von Stande wie ich werden alle
Beredsamkeit darauf verwenden müssen, dieses Volk in unserem
Sinne zu beeinflussen, wenn wir ihm nicht mehr befehlen. Und
eines künftigen Tages wird auch unsere Beredsamkeit nicht mehr
hinreichen und auch nicht all die Gaukler und Possenreißer, die
man beköstigen wird, zu seiner Ablenkung. Man wird versuchen
müssen, kaisertreues Denken und untertänige Demut bereits dem
Kinde im Mutterleib einzupflanzen.
He da! Aufwärterin!

Aufwärterin
Gnädiger Herr!

Löwendahl
Wo bleibt der Unertl? Und was tut sich da vor der Stadtmauer?

Aufwärterin
Ich habe es ihm bestellt. Und die Oberländer versuchen zu stür-
men, aber die Soldaten halten sie von der Mauer ab.

Löwendahl
Kann Sie mich kämmen? – Dann richte Sie mir meine Perücke auf
dem Kopf. Als Standesperson muß man stets tadelsfrei aussehen. –
Sie hat ja Herzklopfen. Erregt es Sie so sehr, mir so nahe sein zu
dürfen?

Aufwärterin
Nein!

Löwendahl
Oder hat Sie Furcht davor, daß die Oberländer Insurgenten doch
noch in die Stadt hereinkommen?

Aufwärterin
Nein!

Löwendahl
Hat Sie vielleicht Besorgnisse um die Aufständler...?
Sie hält es also auch mit dem Gesindel!

Unertl (kommt in den Salon)
Herbeieilend nahm ich unterwegs noch zur Kenntnis, daß die
Oberländer abgeschlagen wurden. Nun liegen sie in den Holzla-
gern zwischen der Isarbrücke, dem Roten Turm und dem Glockenbach und verschießen ihr Pulver, noch bevor Generalwachtmeister
Herr von Kriechbaum mit den Regimentern des Obristen de Wendt
heranmarschiert ist.

Löwendahl
Still! Sogar hier in der Administration ist niemandem zu trauen. Sie
soll sich entfernen. Und wenn sich herausstellt, daß Sie Zwischen-
trägerin ist ...

Unertl
Zu den Toren kommt keiner mehr herein und keiner hinaus...

Löwendahl

2 000 Mann zu Fuß und fünf schwache Kompanien Reiter – und vom Oberland her ziehen 4 000 oder 5 000 Aufständische, morgen können auch die 16 000 vom Unterland hier sein ...

Unertl

Schlecht bewaffnete Haufen, und unerprobt! So hat es die Reiterpatrouille bei Solln beobachtet, und der Pflegskommissär von Starnberg, der Öttlinger, berichtete nichts anderes.

Löwendahl

Ist so einem Verräter wie dem Öttlinger zu trauen? Wem ist überhaupt zu trauen?

Unertl

Mit dem Trauen, da meint man wohl doch nicht mich? Habe ich doch Ursache, dankbar zu sein, weil man mir Amt und Stand belassen hat.

Löwendahl

Unertl, Er entlarvt sich. Auch Eure Triebhaftigkeit ist wie bei allen höheren Ständen die käufliche Geilheit.

Unertl

Wie meint Ihr das?

Löwendahl

Stelle Er sich nicht dumm! Weshalb bedarf ein Mann mehr als ein anderer? Mehr Geld und damit ein besser Haus, aufwendigere Kleidung, teurere Kutsche? Weil er mit zunehmenden Jahren immer noch junge Weiber in sein Bett locken will! Sehe Er nur

sein Vorbild, den geächteten Kurfürsten an und dessen Mätressen-
wirtschaft in Brüssel...

Unertl

Mein Vorbild ist er nicht!

Löwendahl

Ja, weil er ferne von hier und ohne Macht ist, derzeit. Wäre er
hier, spräche der Unertl sich anders aus. Ich bleibe dabei, dickbäu-
chige, hängebackige, faltige Geilheit ist's, die allerorten die Besit-
zenden nach weiterem und schmückendem Besitz gieren läßt –
meinend, so das wärmende Beilager zu sichern bis zum Ende.
...Woher kommen die Kanonenschüsse?

Unertl

Das ist das Signal von Generalwachtmeister Kriechbaum! Wir sollten die Soldaten in der Stadt den Ausfall machen lassen.

Löwendahl

Gut, veranlasse Er das! Und dem Gesindel keinen Pardon!
Keinen Pardon – sie oder wir. Für uns wäre der Verlust schwerer
zu tragen. Doch muß beachtet werden bei allem, daß sie ihr Leben
nicht unerträglich finden und es einsetzen dazu, es sich erträgli-
cher zu machen zu Lasten unserer Privilegien.

Unertl

Das Oberlandsgesindel ist zwischen zwei Feuer geraten. Die Gar-
nison hat sie tüchtig aus ihren Verstecken getrieben, auch aus
dem Roten Turm. Dann kamen Kriechbaums Reiter über die Isar
und gleich über sie. Keinen Pardon! Am Glockenbach liegen sie
zuhauf, den kläglichen Rest scheuchen die Reiter eben bis zu der
Schelmen Rädelsführer beim Dorf Sendling.

Aufwärterin (kommt weinend herein)

Wie das Vieh! Der Engelhardt Wast, mein Kindsvater! Ohne Pardon!

Löwendahl

Was ist mit Ihr? Was hat das zu bedeuten?

Aufwärterin

Der Wastl, der Wastl tot.

Unertl

Nichts von Belang. Es scheint sich um den Kavalierskoch Sebastian Engelhardt zu handeln, um den sie da jammert. – Ich werde sie streng befragen lassen.

Löwendahl

Das Militär, es soll die Rädelsführer fangen! Ein Exempel ist zu statuieren!

III.2

Rahmenhändler

... nachts, irgendwo bei Schäftlarn. Auf dem Kutschbock eines Heu-wagens sitzt ein Bauer, hinter ihm auf dem Stroh hockt Hauptmann Maier mit gebundenen Händen. – Die anderen Bauern bringen zwei gefangene kaiserliche Soldaten, die ebenfalls gefesselt sind und auf den Wagen gezerrt werden ...

1. Bauer

Was bringt ihr denn da für welche?

2. Bauer

Kaiserliche Reiter sind's. Haben sich in Schäftlarn zum Lagern ein-richten wollen, aber mir ham s' dabei überrascht, wie mir hinkom-men sind. Ein paar andere sind davongeritten, aber die da ham mir erwischt.

Gefangener

Zu welchem Regiment gehört Ihr, Herr Offizier?

Maier

Zu gar keinem, im Moment. Früher war ich beim kurbayerischen Infanterieregiment Tattenbach als Hauptmann, danach noch bei der Kurfürstin Garde. – Ich hätt' den Kommandeur abgeben sollen für den Bauernhaufen. – Wo kommt ihr her?

Gefangener

Vom Bartels-Reiterregiment, direkt von der Patrouille sind wir den Oberländern in die Händ' gefall'n.

Maier

So mein' ich's nicht. Wo ihr daheim seid, wollt' ich wissen.

Gefangener

Ich bin von Altdorf, droben im Fränkischen. In Nürnberg war ich bei einem Steinmetz in der Lehre. Aber im Krieg wird nichts gebaut, wo man meine Kunstfertigkeit brauchen könnt'. Ich wollt' mir wo eine neue Arbeit suchen, wo Frieden ist und Wohlstand. Aber der Krieg, der hat mich eingeholt, wo ich auch hinkam. So hab' ich eben Werbelohn genommen und bin aufs Pferd gestiegen.

Maier

Ich bin von Zolling daheim, im Bistum Freising. – Und der da – redet der gar nichts?

Gefangener

Der ist von Ungarn – Bauernbursch ist er gewesen. Aber warum interessiert sich denn der Herr Offizier fürs Herkommen von uns gemeine Leut?

Maier

Ich denk' mir, wenn sie uns hinschlachten, die wüsten Bauern, könnt's leicht sein, daß einer überlebt und dann den zurückgelassenen Müttern oder Frauen berichten könnt' von der letzten Stund' der andern.

1. Bauer

Wir schlachten keinen hin, der's nicht durch ein Verbrechen an
uns verdient hat. – Du bist aus Ungarn, selber Bauer? In deiner
Heimat steht gerade jetzt auch das Volk im Aufstand gegen den
Kaiser. Schämst du dich gar nicht, daß du hier für denselben Kaiser gegen Bauern kämpfst?

Gefangener

Der versteht dich nicht. Deutsch kann er nur einige Befehle. Das
hat genügt für unsere Obern, daß er für sie zu brauchen war.

1. Bauer

Ein Jammer, daß man nicht mit allen Sprachen reden kann. – Und
du, hätt' es dir Freud' gemacht, uns Bauern umzusäbeln?

Gefangener

Ich hab' es schon gesagt, ich wäre lieber auf dem Baugerüst beim
Steinbehau'n. Aber es ist nun, wie es ist. Du oder ich – du hast
gewonnen. Also mach's kurz, schlag zu. Schlagt uns tot, dann ist's
vorbei.

1. Bauer

Wir sind das gemeine Volk, doch keine Mörderbande. – Sag, ist's
dir Ernst, willst wieder auf Steine statt auf Menschen hauen?

Gefangener

Wenn ich noch mal Gelegenheit dazu bekomm' – freilich, keine
Frage.

1. Bauer

Ich trau's dir zu!

2. Bauer
Was ist?

1. Bauer
Der da möcht' nicht länger bei den Soldaten bleiben, um das Volk zu unterdrücken. Er findet Häuser bauen besser. Was meint ihr, gegen Steinmetzen führ'n wir doch keinen Krieg? Soll'n wir ihn gehen lassen?

2. Bauer
Und wenn er in die Stadt geht, uns verrät?

1. Bauer
Da sind die anderen, die uns entlaufen sind, samt Pferden schneller dort.

4. Bauer
Könnt'st du ihn denn erschlagen?

2. Bauer
Nein – ich bin für laufenlassen.

Gefangener
Und was wird aus meinem Kameraden?

1. Bauer
Was ist mit dem – nimm ihn mit und sorg' dafür, daß er wieder hinter einem Pflug gehen kann.

Maier
Mich, den Bayern, laßt ihr gebunden. Aber die da gehen frei

davon. – Doch eins hab' ich begriffen: Die sind Menschen, menschlicher als viele, die meisten, die ich in den feinen Häusern je gesehen habe. Und bisher hab' ich von denen nur sagen hören, die wären aufrecht gehendes Vieh, dem es an Zucht und Ordnung fehlt, wenn man es nicht unter rechter Aufsicht hält. – Ich hab' gedacht, ihr führt gegen die Kaiserlichen Krieg. Warum habt ihr die laufenlassen?

1. Bauer

Unser Kampf gilt dem Kaiser, der für seinen Vorteil das Land ausplündern läßt. Die zwei jedoch war'n Leut wie wir – auch wenn sie's noch nicht wußten.

Maier

Leut von euch? Der Ungar und der Franke?

1. Bauer

Das ist nicht einfach zu verstehn, wenn man gelernt hat, in Ländergrenzen nur zu denken. – Ich selber hab' es lange so gehalten, daß jeder Fremde mir vor allem gleich verdächtig war. – Aber weil ich selber angefangen hab' zu handeln, ist auch das Denken gleich dahinterher gekommen. Wenn einer nur das tut, was einer anschafft, redet er auch leicht nach, was einer vorsagt, ohne drüber nachzusinnen. – Wird schon richtig sein.

Maier

Der Ungar hat nach Knoblauch gestunken!

2. Bauer

Mag schon sein. Und du duftest nach Parfüm!

4. Bauer
In seinen feinen Häusern wird er einmal erzählen, wir hätten nach
Schweiß und Mist gestunken – der feine Hauptmann Maier.

Maier
Ich hab' noch Geld – kommts, laßt mich gehn.
Die Nacht is eisig…

2. Bauer
Meinen Nachbarn haben einmal die kurfürstlichen Dragoner aus
dem Haus geholt, wegen rückständigen Abgaben. Am Sattel angebunden hat er neben dem Pferd herlaufen müssen – eine Stunde
Wegs.

1. Bauer
Warum geht's denn nicht weiter?

3. Bauer
Die Tölzer…

1. Bauer
Also was?

3. Bauer
Die Tölzer Bürger wollen nicht mehr weiterziehen. Denen langt's!

2. Bauer
Die ham doch Pferde, sind den Weg her geritten, wo mir die ganze
Streck' zu Fuß gelaufen sind.

4. Bauer

Die wollten doch die ganze Stadt allein einnehmen, die furiosen Tölzer Schützen. So ham die doch dahergeredet, wie mir beim Abmarschieren war'n. – Es is doch nimmer weit hin auf München.

3. Bauer

G'stritten ham s', ein jeder wußt' es besser wie der andere. Grad glänzt hat jeder – mit dem Maul. Und mit dem Debattiern sind s' schließlich zu dem Schluß kommen, daß man alles, aber auch alles anders machen müßt', wie wir's woll'n.

4. Bauer

Wissen wir denn so genau, was wir woll'n?

1. Bauer

Schon eher, glaub' ich, weil's uns druckt! Aber so genau auch wieder nicht. Wir hätten früher drüber reden müssen, jetzt scheint's mir fast z'spät. – Zusammensetzen hätten wir uns müssen, wie noch genügend Zeit dafür gewesen ist. – Und von niemandem dreinreden lassen, der nicht in unsrer Lage ist. Wer trotzdem mitgegangen wär', ohne daß er so dran ist, den hätten wir dann als den unserigen ansehn können.

3. Bauer

Es geht schon wieder weiter, die Tölzer sind gleich abgerückt.

Maier

Was ist denn mit dem Jägerwirt, dem Wortführer der Tölzer?

3. Bauer

Der ist besoffen und geht weiter mit.

Maier

Ja, wollt ihr denn nun immer noch die Stadt erobern? Wer kennt sich von euch denn aus in solchen Sachen, wenn's zum Gefecht kommt?

1. Bauer

Der Aberle und der Clanze sind auch noch da, oder vielleicht nicht?

3. Bauer

Die sind schon da, ganz vorn im Zug.

Maier

Die Leutnants? Das sind Abenteurer ohne Erfahrung!

1. Bauer

Dann werden wir es eben selber lernen müssen, wie man's macht.

Maier

Das Lernen dauert länger wie die wenigen Augenblick', die einer Luft holen kann, wenn eine Schlacht im Gange ist.

1. Bauer

Wie hast es du denn lernen können, ohne daß du Schaden genommen hast? Du bist aus keinem andern Holz gemacht wie mir!

Maier

Wir haben viel Theorie gehabt, von Schlachten, Kämpfen, die lang vor uns schon ausgetragen wurden, bevor wir lebten. Und anderen auch, die von Armeen geschlagen wurden, weit weg von hier. Dazu gehören Bücher, Karten, aber die könntet ihr nicht lesen, ungebildet wie ihr seid.

1. Bauer
Auf 20 kann ich zählen – ohne Mühe. …Aber die Leutnants, haben sie das nicht gelernt?

Maier
Unsere Oberen haben es sich zum Prinzip gemacht, das Wissen knapp nur zu verteilen. Und einem jeden grad soviel davon, wie einer wissen muß, daß er für sie den Nutzen bringen kann, den man erwartet. Hat er als zuverlässig sich erwiesen, kriegt er mehr.

4. Bauer
So lang das so ist, wird das einfache Volk nur schwer zum Siegen kommen.

3. Bauer
Du könnt'st uns helfen, Hauptmann Maier, wenn du nur möch'st. Wenn du es richtig anschaust, bist du kaum viel besser dran wie mir. – Die Oberen können dich grad nicht brauchen, die haben keine Stelle frei für dich. Nimm solang Vorlieb mit Bier, Kraut und Geselchtem – wenn's uns besser geht, dann wird's auch dir bald besser gehn.

Maier
Wenn ich mir's überlegen tät' – wär' das für euch noch wichtig?

1. Bauer
Schaden könnt's nichts, wenn wir dich hätten.

Maier
Aber – nach dem, was gewesen ist und wie ihr denkt von mir und meinem Stand, da könntet ihr mir doch nicht trauen?

116

1. Bauer

Wie meinst du das, sag's uns genauer!

Maier

Ich könnt's mir später wieder anders überlegen. Und dann…?

1. Bauer

Das müßt' schon gehn. Ich stell' mich neben dich, schau' dir ins
Gesicht und auf die Finger. Wenn du dann ein Kommando geben
willst, frag' ich, warum, zu welchem Zweck. Wenn mir dasselbe
nicht so dienlich scheint für unsere Sach' und du kannst es nicht
gut und einleuchtend erklären, dann kenn' ich keine Schonung
mehr für dich. – Schau dir das Messer an. Sonst schneid' ich 's
harte Brot damit, das steckt dann zwischen deinen Rippen! – Gilt's?
Willst du das Kommando übernehmen?

Maier

Wollt ihr mich haben…?
Dann gilt's! – Ich kann euch nicht allein ins Unglück rennen lassen. Vielleicht läßt sich das Schlimmste noch verhüten.

IV.

Mann von heute

So ist das: Die einen reden so lange gegeneinander, bis sie nicht mehr miteinander reden können, weil sie das Aufeinanderhören vergessen haben dabei. Bei anderen wieder nützt das Sagen gar nichts, da braucht es mehr, da muß es manchmal handgreiflich sein. – Und viele haben keine Zeit zum Reden und merken erst sehr spät, daß es doch nicht umsonst gewesen wäre. – Was meint eigentlich Ihr Nachbar zu der letzten Preiserhöhung? Und was, sagt er, was sei dran schuld? Wir haben doch manchmal die Zeit dazu, miteinander die Dinge, die uns angehen, zu bereden.

Rahmenhändler

Nach der Überlieferung steht fest, daß die aufständischen Oberländer unterlegen sind, vor München, damals, in der Weihnachtsnacht 1705. Am Glockenbach und danach bei Sendling, vor der Stadt, wurden die schlecht gerüsteten Bauern ein Opfer der gedrillten und hinreichend bewaffneten Soldaten unter dem kaiserlichen General Kriechbaum. – Aber den Überlebenden hat der Aufstand doch genutzt: Danach ließ die kaiserliche Statthalterei die Abgaben so weit reduzieren, daß sie nicht mehr als so drückend empfunden wurden. Auch das Zum-Soldaten-Pressen hatte bald ein Ende.

Mann von heute
Das hat man nun davon. Kaum hat man sich einem Aufruhr gegen
die herrschende Ordnung angeschlossen – und sei es einer vor
über 250 Jahren –, darf man sich schon begraben lassen.

Rahmenhändler
Aber es waren nicht alle gleich tot. Die Verwundeten aus dem
Gemetzel brachte man dann in die Stadt, zu den Mönchen ins
Spital.

Mann von heute
So weit bin ich schon mitgegangen. Also bin ich bei den Überlebenden? Leg' mich zu diesen Mönchen auf ein hartes Krankenla-
ger – heute würde es die Kasse zahlen!

Rahmenhändler
Ich könnte jetzt im nachhinein ganz leicht behaupten, die Oberländer seien wegen eines Verrats unterlegen …

Mann von heute
Im Felde unbesiegt, erdolcht von hinten …

Rahmenhändler
… oder mit scheinbarer militärischer Logik sagen, nach heldenhaf-
tem Kampfe bis zum letzten Blutstropfen fielen sie als echte Hel-
den in Treue zu ihrem Land der allzu großen Übermacht ihrer
Feinde zum Opfer …

Mann von heute
Das hört sich gar nicht schlecht an – wenn man nicht dabei war
und nicht betroffen ist. – Die Vorsehung war gegen sie.

Rahmenhändler
Da kommt bei Ihnen schon wieder der Geschichtsunterricht durch. Aber wir wollten doch die Erfahrungen von damals...

Mann von heute
Wenn die Bauern damals aufgeschrieben hätten, was sie aus dem verlorenen Aufstand gelernt haben, dann könnten wir uns heut einiges sparen.

Rahmenhändler
Bauern haben damals kaum schreiben können – aber wir können heute schreiben. – Und über den Aufstand der Kommune von Paris ist auch schon von Leuten geschrieben worden, die auf den Barrikaden gestanden haben. Sogar schon über die Revolution von 1848, wo die Arbeiter mit den Bürgern zusammen ihre Rechte erstreiten wollten, hat einer, Friedrich Engels, der dabei war, berichtet.

Mann von heute
Und lesen kann heute auch jeder!

Rahmenhändler
...einige Wochen sind seit der „Sendlinger Mordweihnacht" ins Land gezogen, da haben viele ihr Leben lassen müssen oder sind ins Gefängnis oder ins Lazarett gekommen...

1. Bauer
Ich glaub', jetzt sind es schon bald vier Wochen, seit ich hier lieg'. Ich mein', da werd' ich bald heimgehen können.

Soldat

Wenn ich gesund bin, muß ich zurück zu meinem Regiment.

1. Bauer

Du hast es dir selber so ausgesucht!

Soldat

Du auch. Hätt'st nicht auf München kommen brauchen.

1. Bauer

Aussuchen hab' ich mir meine Geburt nicht können. Aber mag sein, daß wir es falsch angerührt haben mit unserem Marsch auf München.

4. Bauer

Seit mir ein kaiserlicher Reiter am Glockenbach eins übergezogen hat mit seinem Säbel, seitdem kann ich mich an nichts mehr recht erinnern. Da mußt du mir schon erzählen, wie die Sache steht.

Mönch

Vorgestern haben sie im Unterland auch dem Plinganser seinen Haufen zusammengeschlagen, die Kaiserlichen, bei Aidenbach. Und heut in aller Frühe haben die Scharfrichter eure Anführer vom Leben zum Tode befördert. Die Bürgerlichen, die Wirte und den Eisenhändler haben sie gehängt. Die Offiziere mußten einen besseren Tod erleiden, wie's ihnen zusteht; die hat man enthauptet. Nur den Maier haben sie leben lassen und eingesperrt.

4. Bauer

Und du meinst, daß sie uns heimgehen lassen? Du pflegst uns, daß wir danach den Weg zum Richtplatz besser laufen können!

Mönch

Jetzt hast du Angst um deinen Frevel, daß du die Hand gehoben hast gegen des heiligen römischen Reiches Kaiser? – Aber die Sorge brauchst nicht haben. Schlachtet man den Bock, dem Wolle wächst, die Kuh, die man noch melken kann? – Schau zu, daß du nicht mehr zu lange unsere Barmherzigkeit brauchst. Dann geh zu deinem Tagwerk z'rück. Abgaben braucht der Kaiser für seinen Krieg. – Und vergiß mir nicht, wer dich versorgt hat. Für den Altar ein paar Kerzen sind das Wenigste!

1. Bauer

Der Abt hat ein Bittgesuch an den Statthalter Löwendahl geschickt. Für uns, daß man uns laufenläßt. Aus Nächstenliebe und Barmherzigkeit. – Für den Altar ein paar Kerzen sind das Wenigste. Tote Bauern stiften keine Kerzen.

Soldat

Etliche von euch Aufrührern wollen eine Wallfahrt machen, weil s' alles gut überstanden haben.

1. Bauer

Da werden sich die Opferstöck' von Altötting freun.

Soldat

Ich glaub' auch nicht, daß es was hilft, wenn man ein Gelübde tut. Im vergangenen Jahr war's, da hat sich in Italien drunten mein Hauptmann seinen Degen weihen lassen. Tags drauf sind wir im Kirchenstaat einmarschiert. Sein Degen ist nicht schlecht in einen Bauch gefahren – von einem Fähnrich, den der Papst geschickt hat.

4. Bauer

Bei uns war keiner dabei, der nicht seinen Rosenkranz in der Tasche gehabt hat. – Ich bin mit dem Leutnant Aberle und ein paar hundert Miesbacher und Tölzer Bauern zum Roten Turm hinunter an die Isar gezogen. Den Brückenturm ham mir besetzt, daß niemand übern Fluß kommen ist. Gewartet ham mir dann, daß sich in München drinnen, in der Stadt, was rührt.

Soldat

Da bin ich auf dem Wall droben g'standen. Die Bürger waren alle brav im Haus, wie es verordnet worden war.

4. Bauer

Aber die kaiserlichen Reiter, von Wasserburg herüber, die sind durch den seitlichen Fluß geritten…

Soldat

Da sind wir auch zum Isartor hinaus.

4. Bauer

Da war'n mir in der Mitten drin, am Glockenbach. Man hat uns zusammengetrieben, wenige sind nur davongekommen.

Soldat

Euer Aberle, glaub' ich, wollt' noch verhandeln. Wir aber haben den Befehl bekommen: Feuert!

4. Bauer

… und ihr habt alle geschossen. – Von der anderen Seite her sind noch die Reiter über uns her. Ein Gedräng' war in unserem Haufen, und keiner hat gesagt, was man tun soll. Etliche hat's erwischt von uns, mich auch.

1. Bauer
Aber es sind auch etliche noch zurück nach Sendling, wo wir
gewartet haben, bis wir in die Stadt hinein können. Die Reiter sind
denen aber schon in den Hosentaschen gesessen. Die haben dann
das Dorf umstellt, daß keiner mehr von uns herausgekommen ist.

4. Bauer
Und der Maier, was hat der kommandiert?

1. Bauer
Ich war die ganze Zeit über neben ihm, in seiner Nähe, wie ich's
ihm versprochen hab', auf dem Marsch. Andere waren da nicht so
wachsam. Der Jägerwirt hat sich ins Wirtshaus eingemietet, sich
ins Bett gelegt und sagen lassen, er sei ein Weinwirt aus Mittenwald und hätt' mit der Rebellion nichts zu tun, wär' nur zum Ein-
kauf unterwegs.

Soldat
Aber nach der Schlacht hat es geheißen, der sei tot.

1. Bauer
Ja, weil ihm die kaiserlichen Husaren seinen Rock und sein Pferd
geplündert haben. Den Schecken hat ein jeder gekannt, da hat
man's leicht glauben können.

4. Bauer
Und der Maier hat ausgehalten bei uns?

1. Bauer
Bis zuletzt, wo die Infanterie von der Stadt herausgekommen ist.
Dann hat er uns gesagt, mit unseren Stecken und Sensen könnten

wir gegen die nichts ausrichten. Das hat gestimmt. Ich hab' es ein-
gesehen. Der Maier hat dann mit der Trommel ein Signal geben
lassen, daß man verhandeln möcht'. Aber der kaiserliche General
wollte nur mit Offizieren verhandeln, nicht mit uns. Wie der Maier
hinübergelaufen ist zu der Front von denen, da haben viele von
uns gesagt, jetzt geht der letzte Anführer von uns auch noch weg.
Aber da haben s' schon die Gewehrsalven auf uns krachen lassen.

Soldat
Von eurer Seite ist kaum dagegengeschossen worden, aber eine
Kugel war für mich dabei.

1. Bauer
Zur selben Zeit sind die kaiserlichen Husaren auf und angeritten.
Mit einem Mal war einer von denen vor mir mit seinem Pferd und
hat den Säbel über mich geschwungen. – Das ist für den weiten
Ritt von Wasserburg herüber, hat er mich angeplärrt. – Als ob ich
ihm den Befehl dazu gegeben hätt'!

Soldat
Versteh' ich schon: Du hast ihm freilich nichts befohlen, aber
euretwegen hat er doch den Befehl gekriegt.

1. Bauer
Mit dem hab' ich nicht reden können wie mit unseren Gefangenen
von Schäftlarn. Da war nicht die Zeit dazu. Drum lieg' ich jetzt da
im Spital.

Soldat
Viele von euch reden kaum mit einem, der eine Uniform anhat. Ich
mein', sonst.

1. Bauer

Mir hätten's tun sollen! Vielleicht hätt' dann nicht ein jeder auf einen losgeschlagen und geschossen, weil er denkt hätt', er schießt auf einen wie er selber.

Soldat

Schauts mich nicht so voller Vorwurf an. Ich hab' nur das getan, was mir befohlen wurde. – Übrigens, was ich schon einmal fragen wollt': In Frankreich, das ja mit eurem Kurfürsten verbündet ist, gibt's auch einen Aufstand, in den Cevennen. Bauern wie ihr, die wegen Religion und Steuern und der Teuerung mit ihrem König unzufrieden sind. Denkt ihr, sind das nun eure Gegner oder Freunde?

1. Bauer

Ich hab' noch nichts davon gehört. Aber wenn sie mit ihrem König unzufrieden sind – frag' ich dich, bin ich König?

4. Bauer

Das ist eine leidige Geschicht': Wenn Neuigkeiten Wochen, ja Monate brauchen, um zu uns zu kommen, sind sie so neu nimmer.

1. Bauer

Das wär' recht gut für unsere gerechten Sachen, wenn Nachrichten in kürzester Frist von einem Land zum andern eilen könnten, unverzüglich. Aber nicht einmal bis Niederbayern hat unsere Verbindung schnell genug gereicht, daß uns die hätten Hilfe bringen können. Wenn wir uns mit den aufständischen Bauern aus dem Unterland hätten zusammentun können, wär's nicht schwer zu einem anderen Ende gekommen mit uns allen.

Soldat

Vielleicht aber wären auch die vom Unterland gleich beim
Glockenbach und bei Sendling über die Klinge gesprungen, nicht
erst bei Aidenbach. Was für einen Unterschied hätt' das gemacht?

4. Bauer

Wir hätten nicht gleich losschlagen dürfen gegen die gewachsene,
gut gerüstete Macht. So hätten wir dann Zeit gehabt, zu lernen und
selber zu rüsten.

Soldat

Die Offiziere wären euch immer noch abgegangen!

4. Bauer

Jeden hätten wir genau anschauen können, ob er ein Kommando
richtig führt in unserm Sinn. – Das nenn' ich eine Sache selber in
die Hand nehmen!

1. Bauer

Dabei wäre nicht drüber zu vergessen, die Fürstenmacht Stück um
Stück zu begrenzen und mit dem Weggenommenen uns selber um
dasselbe Ende stärker zu machen.

Soldat

Von den Fürsten, die euch als wohlfeiles Volk ansehen, bekommt
ihr nichts geschenkt!

1. Bauer

Erstreiten hätten wir es können, langsam, und erlisten, kleinweise.

4. Bauer
So was geht nicht von heut auf morgen, 100 Jahre sind da kaum zu spüren – und doch, es kommt voran.

Mönch
Nimm hin, was dir gegeben wird!

1. Bauer
Euer Klostereinnehmer ist damit aber auch nicht zufrieden, wenn er die Abgaben einholt. Oder gilt das nur für uns – das Vieh?

Mönch
Wenn einer so zu denken anfängt, sollt' man ein Auge auf ihn haben. – Da ist deine Frau gekommen und will dich heimholen. Wenn du dann erst wieder hinter deinen Ochsen und dem Pflug hergehen kannst, vergehn dir solche sündigen Gedanken.

4. Bauer
Grüß dich, Frau! Denk dir nichts, soviel ist mir nicht passiert.

Frau
Da bist du besser dran als viele andere. Bald jeder Ort im Oberland hat seine Toten – soviel Männer hat die Mordweihnacht gekost', wie in weit über einem Dutzend Dörfern Menschen wohnen. Die Kaiserlichen verloren dabei an Soldaten knapp ein Dutzend Mann. – Die haben scheint's das Draufschlagen besser können wie ihr?

1. Bauer
Was Wunder, wenn s' eigens darauf abgerichtet worden sind.

4. Bauer

… und wenn mir bessere Anführer g'habt hätten …

Frau

Ich glaub', es hätt' schon mehr dazu g'hört. Meints denn, man hätt'
in Bayern eine neue Ordnung lassen, wo das Volk regiert? – Das
hätt' ein Beispiel geben können für andere Völker. Was glaubts
ihr, wie schnell sich alle Fürsten einig worden wären, von allen Seiten euch aufs Dach zu steigen. – Und dann nur Bauern! Das Nötig-
ste zum Leben hätten wir uns schon geschafft. Aber was die Handwerker an Waren fertigen, kunstreich verbessern?

1. Bauer

Wird schon einmal eine Zeit kommen, wo die Schlosser, Schmie-
de, Ziegelbrenner, die Bergleut' und die Eisengießer mit uns
Bauern zusammen gehen!

Frau

Und wo man Fürsten nur noch aus Büchern kennt!

4. Bauer

Und wo sich der einfache Mann nicht mehr als zweibeiniger
Ochse halten läßt!

Epilog

Rahmenhändler
Ihr Leute von heute, haben wir noch Fürsten mit alt-ererbten
Rechten?

Mann von heute
Oder solche, die sich Throne auf Aktienpaketen errichten?

Rahmenhändler
Zahlt ihr noch für Kriege, die nicht euch, nur ihnen Vorteil und
Profit erbringen?

Mann von heute
Wählt ihr euch eure Anführer, Beamten, Richter, Generäle selber
aus?

Rahmenhändler
Erfahrt ihr es, wenn sich ein Volk wo regt – und diese Regung
wird im Blut erstickt?

Mann von heute
Ihr, die ihr viel zu teure Mieten zahlt, was sagt ihr zu Tsche-
tschenien, Irak, Ruanda…

Rahmenhändler
Und hier im Land: Weiß der Student, wer für ihn das Studium
zahlt? Und für wen wird er einmal sein Wissen verwenden?

Mann von heute
Wenn ein bewohnbares Stadtviertel zerhackt wird ohne Not, so ein
Planer, wird er davongejagt ganz ohne Ehrensold und Pension?

Rahmenhändler
Lehrt man die Kinder noch, daß es sündhaft ist, an seiner Obrigkeit zu zweifeln?

Mann von heute
Das Wagnis der Bauern 1705 kam viel zu früh. Schlecht organisierte Haufen ohne Erfahrung. Aber wie ist es heute? Organisieren wir
uns schon für unsere Interessen?

Rahmenhändler
Meint einer heute noch, so wie die Bauern damals, es müßte einer
kommen und sagen: So wird's gemacht?

Mann von heute
Reicht heute einem schon der Führerschein, daß einer meint, er
hätt' die Zeiten damals weit zurückgelassen?

Rahmenhändler
Immerhin! Der Mensch hat viel dazu gelernt in drei Jahrhunder-
ten. Und die da oben sitzen, sind, wenn man genau hinschaut, nur
noch wenige.

Mann von heute

Und doch sehen uns die noch als Viehzeug an – und sagen's manchmal.

Rahmenhändler

„Tiere, auf die die Anwendung der für Menschen gemachten Gesetze nicht möglich ist – ihnen die Mitbestimmung zu geben, wäre so unsinnig, wie die Mitbestimmung in Schulen, Kasernen und Gefängnissen einzuführen…" (Franz Josef Strauß)

Mann von heute

Ohne die wenigen gibt es eine S e l b s t b e s t i m m u n g für die vielen.

Rahmenhändler

Es wird langsam die Zeit dafür. Bevor sie sich und uns vernichten. Fangen wir damit an!

A l l e   z u s a m m e n !

Das Sendlinger Bauernschlachten
(Ballade von Peter Jacobi)

die dörfer sind schon abgebrannt
im wirtshaus lacht der spekulant
und säuft wie blut den roten wein
der krieg ersäuft so manches schwein
armes schwein …

he du da drüben hock dich her
sag: braucht man neue schießgewehr
was kümmerts mich denn wer gewinnt
die hauptsach ist: der zaster rinnt
zaster rinnt …

ein bier für den herrn offizier
denn solche männer brauchen wir
die schnetzeln brav ohn gegenfrag
auch ihre eignen brüder ab
brüder ab …

die bauern lassen d' ernte stehn
und schneider nun im gleichschritt gehn
der pfaff zum volk das hostien frißt
sagt: wer sich wehrt der ist kein christ
ist kein christ …

die paar die sich gewehret ham
die sprachen noch zum sensenmann
ein großes heer wär besser
gwesen …

führt nie krieg mit messer!
führt nie krieg mit messer!
führt nie krieg mit messer!

Personenverzeichnis

Max Emanuel, Kurfürst von Bayern; regierte 1679 bis 1726; von 1704 bis 1714 als Verbündeter Frankreichs in Verbannung und Reichsacht.

Aberle, Johann Georg, Leutnant; geboren in der Reichsstadt Eßlingen/Schwaben; war Offizier im kurbayerischen Heer, zuletzt als Unteroffizier bei der Garde der Kurfürstin; am 29. Januar 1706 in München hingerichtet.

Alram, Maximilian, Gräflich Tattenbachischer Pfleger von Valley; konnte nach dem Aufstand nach Brüssel flüchten und wurde 1715 Kriegskommissär von Straubing.

Clanze, Johann, Oberleutnant; geboren im Herzogtum Jülich; unter Hauptmann Maier Offizier im Tölzer Haufen; bei Sendling gefangen und am 29. Januar 1706 in München hingerichtet.

Daiser, Franz, Aumeister im Lehel; in der Weihnachtsnacht 1705 von den kaiserlichen Soldaten erschossen.

Dänkel, Joseph Ferdinand, Pflegskommissär von Tölz, Lizentiat der Rechte; konnte nach dem Aufstand nach Brüssel flüchten und wurde nach der Rückkehr Max Emanuels wieder in sein Amt eingesetzt.

Fichtner, Anton, „Maierbräu" in Tölz; wurde zu Arrest und Geldstrafe verurteilt; mit Franz Jäger nach 1715 Bürgermeister in Tölz.

Gauthier, Jean Philippe, Hauptmann (franz. Abstammung); war beim kurbayerischen Regiment Kurprinz, dann bei der Garde der Kurfürstin; entkam nach Brüssel zu Max Emanuel und wurde später Oberstleutnant.

Haid, Ignaz, Regierungsadjunkt; fälschte den Aufruf zur „Landesdefension"; 1706 zu lebenslänglichem Kerker verurteilt; erst 1715 befreit, erhielt er von Max Emanuel eine Rente.

Hallmayr, Georg, Schankwirt in München im Tal, Bierbrauer; konnte 1705 entkommen und kehrte 1714 mit Max Emanuel nach München zurück.

Heckenstaller, Urban, Geheimer Kanzleisekretär des Kurfürsten; von der kaiserlichen Administration übernommen; nach dem Aufstand geflüchtet und im Franziskanerkloster Freising versteckt; nach 1715 Geheimratssekretär unter Max Emanuel.

Hofmann, Johannes, Ex-Wachtmeister des kurbayerischen Kürassier-Regiments Weickel, dann Obrist des Aufständischen-Regiments im Innviertel; in Braunau zum Tode verurteilt und enthauptet.

Jäger, Franz, Bruder von Johann Jäger; zu Arrest und Geldstrafe verurteilt; nach 1715 Bürgermeister in Tölz.

Jäger, Johann, genannt „Jägerwirt", Sohn des Bürgermeisters von Tölz, „Weingastgeb" in München und dort Mitglied des Äußeren Rates sowie Leutnant der Bürgerwehr, Hausbesitzer in der Löwengrube; Wortführer der aufständischen Oberländer; konnte zunächst von Sendling flüchten und wurde erst später ergriffen; hingerichtet am 17. März 1706 in München.

Khidler, Johann Georg, geboren in Thanning bei Wolfratshausen; in München durch Heirat einer Witwe mit sieben Kindern seit 1700 eingebürgert und Besitzer eines Weinhauses; hingerichtet am 29. Januar 1706.

Kriechbaum, Georg Friedrich Freiherr von, Generalwachtmeister der kaiserlichen Armee in Bayern.

Löwendahl, Maximilian Karl Anton, (Graf Löwenstein-Wertheim), kaiserlicher Administrator und Statthalter in Bayern, später Gesandter des Kaisers am Reichstag zu Regensburg.

Maier, Matthias, Leutnant bei der Garde der Kurfürstin; 1666 als Sohn eines Bauern in Zolling/Hochstift Freising geboren, vom einfachen Soldaten zum Hauptmann im Infanterie-Regiment Tattenbach aufgestiegen; gezwungener Anführer der Oberländer Bauern; gefangen bei Sendling 1705; inhaftiert und gefoltert im Falkenturm zu München; erst 1715 befreit, 1716 wieder in die kurbayerische Armee aufgenommen.

Meindl, Johann Georg, Sohn eines Wirtes in Altheim, Mitschüler Plingansers in der Lateinschule Burghausen, Student der Philosophie in Salzburg; im Aufstand des Innviertels zunächst Schützenoberst, dann „Oberoffizier der zusammenrottierten Bauernschaft"; konnte sich in den Schutz des Fürstbischofs von Salzburg flüchten und wurde in dessen Garde Offizier; 1715 von Max Emanuel rehabilitiert, bekam er eine Försterstelle.

Passauer, Anton, Jurastudent in Ingolstadt, 25 Jahre alt, Untermieter von Senser; konnte dem niedergeschlagenen Aufstand entkommen; später, nach 1715, Schreiber zu Viechtach.

Plinganser, Georg Sebastian, Sohn eines Wirtes in Pfarrkirchen, 1680 in Thurnstein/Innviertel geboren, Mitschüler Meindls in der Lateinschule Burghausen; Studium der Rechte in Ingolstadt, Mitterschreiber im Pflegsamt Pfarrkirchen und Gericht Reichenberg; im Aufstand zunächst Hauptmann der Reichenberger Landfahnen, dann Führer der „Landesdefension" und „Gemein" von Braunau; im Mai 1706 verhaftet, 1710 entlassen, 1716 rehabilitiert und von Max Emanuel als Hofgerichtsadvokat eingesetzt.

Schaindl, Hans Michael, Bierbrauer in Tölz; wurde zu Arrest und Geldstrafe verurteilt.

Schöttl, Adam, genannt „Jäger-Adam", Oberjäger von Mittenwald; geflüchtet und für vogelfrei erklärt; wurde 1715 rehabilitiert und auf das Forstamt Hechenkirchen verpflichtet.

Senser, Sebastian, Eisenhändler, geboren in Tölz, Mitglied des Äußeren Rates der Stadt München und Fähnrich der Bürgerwehr; am 29. Januar 1706 in München hingerichtet.

Unertl, Franz Joseph, Geheimer Sekretär und Hofrat des Kurfürsten; von der kaiserlichen Administration in Dienst genommen; nach der Rückkehr Max Emanuels wieder in dessen Dienst.

de Wendt, Johann Baptist Freiherr von, kaiserlicher Obrist eines Infanterie-Regiments; nach der Besetzung des Rentamtes München kaiserlicher Stadtkommandant von München und wesentlich an der Bekämpfung des Aufstandes im Innviertel und bei Sendling beteiligt.

Nachwort

Zu den zinnernen Miniaturen

Jean Paul schrieb es nieder am Anfang des Industriezeitalters: „Verbessern besteht ohnehin im Verkleinern." Er kannte bereits die verkleinerte Welt, die in Nürnberg und Diessen am Ammersee mit legiertem Zinn und schiefernen Formen gegossen und danach von geduldigen Händen farbig gefaßt wurde. Zu Beginn des 19. Jahrhunderts war in ganz Deutschland und in der Schweiz dieses Kunsthandwerk als Manufakturgewerbe verbreitet, doch lediglich in Bayern haben sich seither solche Betriebe erhalten. In Dichtung und Wahrheit stellt der deutsche Nationalgroßdichter Johann Wolfgang von Goethe zinnerne Miniaturen vor und träumt sich mit ihnen in eine Zeitmaschine, die Vergangenheiten und Gegenwarten verbinden kann – einen Geschlechterkampf des antiken Heldenkönigs Achill mit den Heerscharen der Amazonenkönigin. In „Nußknacker und Mäusekönig" scheint E. T. A. Hoffmann uns eine Sortenliste der damaligen Offizin in Nürnberg zu überliefern: „Diese wackeren, sehr bunten und herrlichen Truppen, die aus vielen Gärtnern, Tirolern, Tungusen, Friseurs, Harlekins, Kupidos, Löwen, Tigern, Meerkatzen und Affen bestanden…" Und Joachim Ringelnatz gibt in einem Gedicht eine weitere, gereimte Erklärung: „Die Zinnfiguren sind / Verbindung zwischen Kunst und Kind…"

Auf der Plassenburg über der nordbayerischen Stadt Kulmbach hat sich ein „Deutsches Zinnfigurenmuseum" etabliert, in dem Vergangenes in der Verkleinerung, nämlich in „Dioramen" genannten Schaubildern gestaltet wurde, detailliert übersehbar nicht nur für kindliche Betrachter, sondern auch für den erwachsenen Augenmenschen.

141

Noch einmal sei an dieser Stelle das Gedicht von Ringelnatz zitiert: „Sinnvoll, mit Liebe aufgestellt / Zeigt das im Kleinen große Welt. / Wenn das uns Alten noch gefällt, / Will das für mich bedeuten: / Die Zinnfiguren sind / Verbindung zwischen Kunst und Kind / Und uns, den alten Leuten." Kurt Tucholsky, Eugen Oker sind weitere Autoren, die den zinnernen Zwergen literarische Erwähnung taten. Klaus Maurice in seinem Essay „Das Taschenweltchen", 1981 veröffentlicht, bedauert, als Kind keine Zinnsoldaten geschenkt bekommen zu haben.

Ich brauche nicht zu bedauern, als Kind schon von der „Zinnpest" befallen worden zu sein. Einige Monate nach Ende des Zweiten Weltkrieges brachte ein glücklicher Umstand einen größeren Posten herrenlos gewordener zierlicher Griechen des Trojanischen Krieges in meinen Besitz. So war ich nicht wie mein Schreiber-Kollege Walter Kempowski auf feldgraue, kunstlose Elastolinfiguren als Spielzeug angewiesen in diesen mangelhaften Jahren. Ajax, Achill und Hektor wurden mir Zehnjährigem zu Darstellern früher dramatischer Szenen. Ältere Sammler lernte ich als Schüler kennen, so Reinhold Zellner, den Erschaffer der Stadtkrippe Münchens und der Dioramen im Deutschen Jagdmuseum und im Marienwerk in Altötting. Er war der erste leibhaftige Künstler, dem ich in meinem Leben begegnete, Schwabinger, obwohl er als Sohn eines Schuhmachers aus Holzkirchen gebürtig war; in seiner Bildhauerwerkstatt im sogenannten „Vierhaus" an der Schleißheimer Straße gruppierten sich immer irgendwo Zinnfiguren zu einer Szene, außerdem schrieb Zellner damals zwischendurch literarische Texte auf einer urtümlichen Mignot-Schreibmaschine. Über ihn machte ich auch die Bekanntschaft des Apothekers Loy in der Elvirastraße in Neuhausen, eines Zinnenthusiasten, der aufständische Oberländer und kaiserliche Husaren für die „Sendlinger Mordweihnacht" hatte entwerfen und gravieren lassen – er lieferte mir die Schauspieler en miniature für die Massenszenen dieser Historie, die ich später im Erwachsenenalter durch eigene Typen ergänzte. Massenszenen: Reinhold Zellner machte mich auch vertraut mit bildender Kunst, so mit Albrecht Altdorfers „Alexanderschlacht" als Vorbild für den dreidimensionalen Dioramabau. Meine „Sendlinger Mordweihnacht" steht seit 20 Jahren nunmehr in Miesbach, einem der Oberlandsorte, von dem 1705 die Aufständischen nach München gezogen waren – zunächst einige Jahre lang in der dortigen Stadtbibliothek, dann in den Schulen und nun im Museum Miesbachs als Dauerleihgabe. Noch mehr gemahnt an Altdorfers Alexanderschlacht ein Diorama in Höchstädt an der Donau, dort stellen 9000 Zinnsoldaten den entscheidenden Moment einer Schlacht am 13. September 1704 dar und erheben mit dem größten Zinnfigurendiorama des Kontinents das dortige Heimatmuseum im alten Rathaus zur europäischen Denkstelle. Auch an Planung und Ausführung dieses Kunstwerkes war ich beteiligt.

Denkstelle? Für die verhältnismäßig urtümlich-animalische Verrichtung der körperlichen Fortbewegung, zu der vom modernen Menschen ein Gefährt benötigt wird, sind überall Tankstellen errichtet worden. Zur weit komplexeren Tätigkeit des Denkens gibt es noch immer erheblich schlechter organisierte und weniger Plätze, um dazu anzuregen und zu Erkenntnissen zu ver-führen. Anschauliche, begreifbare Geschichte des Landes wie am Schlachtenort Höchstädt kann die Beschauer zum Nachdenken anstoßen, warum fast 300 Jahre nach solchem erbärmlichen Geschehen immer noch Schlachten geschlagen und Kriege geführt werden, und ein kunstvoll ausgeführtes Diorama ist hierzu dienlicher als einige verbliebene, rostüberzogene Kanonenkugeln „aus der Zeit".

Ist ein Diorama als Kunstwerk anzusehen? In einer Zeit wie der unseren, in der das aufwendige Verhüllen von Gebäuden oder das

Schaffen von Collagen aus Stoffen wie Filz, Margarine, Automobilschrott oder Haushaltmüll widerspruchslos als Kunst anerkannt wird, andererseits freilich auch ein Abgleiten ins Showgeschäft impliziert, soll das Erstellen eines Raumbildes zur Sensibilisierung des Betrachters für seine Geschichte, sein menschliches Herkommen hingegen als Kunstwerk zweifelhaft sein? Ich meine nicht, daß allein schon das spielerische Aufstellen der flachrelief, halbplastisch oder auch vollplastisch aus Schieferformen oder Silikonkautschukmodeln gegossenen Figuren den Kunstanspruch erfüllt.

Auch das beschauliche Idyll nach der Vorlage romantischer Maler von einem mehr oder weniger talentierten Sammler für den Schmuck seines Wohnzimmers kann meistens noch nicht über die Stufe von Kunstgewerbe und Nippes hinauskommen. Kunst kommt von Können!

Das Zusammenwirken von Können hat in Höchstädt an der Donau im dortigen Heimatmuseum zu einem monumentalen Meisterwerk geführt, durchaus zu vergleichen mit dem Altdorfer-Gemälde Alexanderschlacht. Wie es dazu kam? Eine kleine Stadt, durch eine Schlacht im Jahre 1704 in alle europäischen Geschichtsbücher gelangt, hatte historisch interessierten Besuchern wenig mehr zu zeigen als die vorstehend genannten Kanonenkugeln und die inzwischen längst veränderte Landschaft, in der sich das schreckliche Geschehen einmal abgespielt hatte. Durch einen Zufall gelangte der städtische Heimatpfleger und Schulrektor Georg Strobel zunächst an die Adresse eines Zinnfigurenherstellers und konnte von dem eine größere Anzahl unbemalter Zinnfiguren erwerben, die von hilfswilligen Hausfrauen aus der Stadt eine erste Farbfassung erhielten. Auch einen kunstfertigen Modellbauer konnte er gewinnen für Gebäudemodelle und Hintergründe. Richtungweisend aber war die Bekanntschaft zu einem Sammler mit hohem Anspruch, dem Amateurmaler und Kriminalbeamten Martin Sauter aus Augsburg. Über diesen wiederum wurde ich an das große Projekt herangeführt, konnte meine historischen Kenntnisse, in Jahrzehnten erworben, mit dem Errechnen eines minutiösen Stellplanes, präzisen Bemalungsangaben für Uniformen und Fahnen und Basteln von Spezialfiguren einbringen. Leider mußte man sich nun von der Bemalung vieler hundert Figuren, von den Höchstädter Frauen in bestimmt mehr als tausend Stunden geleisteter Heimarbeit geschaffen, durch Abwaschen wieder trennen. Martin Sauters Organisationstalent und seine Verbindung zu den Sammlern in Augsburg wurden dann Voraussetzung dafür, daß auf 26 Quadratmetern Grundfläche im Verlauf von nur einem weiteren Jahr dieses Werk seinen Abschluß fand. Ich selbst konnte ein kleineres Schaubild, erstellt als Stiftung und Ergänzung, dem Heimatmuseum überreichen. Weil dieses Diorama den kurbayerischen Anteil der Schlacht von 1704 beinhaltet, war damit eine thematische Vorgabe der auftraggebenden Stadt Höchstädt erfüllt, und unter Absprache mit dem Historiker Markus Junkelmann entstand das detailreiche und realistisch rekonstruierte Bild, der Ausschnitt mit der Einschließung der Franzosen im Dorf Blindheim durch die Engländer. Sprichwörtlich trifft auf diese Collage mit Zinnfiguren zu: Der Erfolg hat viele Väter. Aber auch die Verhüllung des deutschen Reichstagsgebäudes in Berlin bedarf der Zustimmung und Mitwirkung vieler „Väter".

Zeitgenossen lieferten für das Geschehen bei Höchstädt einige bildliche Darstellungen, die Mordweihnacht von Sendling 1705 fand nur eine solche mit einem Votivbild in der Pfarrkirche Egern. Später versuchten sich Historienmaler an diesem Thema, genannt seien Defregger, G. W. Kraus und Lindenschmitt. Geprägt vom Pathos des 19. Jahrhunderts, lassen diese Historienbilder die Genauigkeit vermissen, mit denen die „Zeitmaschine" Zinnfigur dienen kann, wie die Abbildungen (Fotos: Frank Mächler) in diesem Buch zeigen. Da sie jedoch nur zweidimensional die dreidimensionalen Originale wiedergeben können, wird es künftigen Medientechniken vorbehalten sein, die Möglichkeiten von Massendarstellungen in Dioramen voll auszuschöpfen. Vorstellbar wären zum Beispiel Computerprogramme, die als weitere Komponente die Bewegung hinzufügen. Nun denke man sich das Theaterstück „Der Bayerische Aufstand" ergänzt durch „laufende Bilder" zwischen den einzelnen Szenen, dazu entsprechenden Off-Ton – der Zeitsprung in die Vergangenheit wäre vollkommen, Goethes Dichterträume mit Manufakturprodukten des 19. Jahrhunderts, Filmtechniken des 20. Jahrhunderts und der anstehenden Weiterentwicklung der Multimediakultur des 21. Jahrhunderts erfüllt. Die menschliche Phantasie und Kreativität jedoch bleibt unersetzlich, auch in Zukunft, gleichwohl auch die Notwendigkeit, Erfahrungen aus der Vergangenheit für unsere Gegenwart zu verwerten. Ein Volk, das seine Geschichte vergißt, hört auf, eines zu sein.

August Kühn

Anhang

Für den interessierten Leser stellen wir auf den nächsten Seiten Vereine und Institutionen vor, die es sich zur Aufgabe gemacht haben, der damaligen Ereignisse zu gedenken, und die bei den verschiedensten Anlässen die Gelegenheit wahrnehmen, an den Bauernaufstand anno 1705/1706 zu erinnern.

(Stand: 15.09.1995)

Heimat- und Volkstrachtenverein
„Schmied von Kochel" München-Sendling

Gegründet: 1905
Mitglieder: 52
Vereinslokal: Tannengarten, München-Sendling

1. Vorstand: Herbert Reich

Neben der Brauchtums- und Trachtenpflege ist die alljährliche Gedenkfeier an die „Sendlinger Mordweihnacht" ein großes Ereignis im Vereinsleben. Jeweils am letzten Sonntag vor dem Heiligen Abend finden sich die Vereinsmitglieder und zahlreiche Bürger zu einem Gottesdienst in der Kirche St. Margaret ein. Danach geht es zur Kranzniederlegung im Friedhof an der Alten Sendlinger Kirche.

Abbildung rechts: Verein „Schmied von Kochel"
München-Sendling (aktive Gruppe)

Historische Gruppe
„Schmied von Kochel" e.V., München

Gegründet: 1925
Mitglieder: 50
Vereinslokal: Zwei Sterne, München-Untersendling

1. Vorstand: Max Aigner

Als Höhepunkt des Vereinslebens findet jedes Jahr ein Fackelzug statt. Er führt am Heiligen Abend um 23.45 Uhr von der Alramstraße zum Denkmal des Schmied von Kochel und zum Grab der gefallenen Oberländer an der Alten Sendlinger Kirche; anschließend findet eine Christmette statt.

Abbildung rechts: Historische Gruppe „Schmied von Kochel", München (Trachtenumzug)

151

Heimat- und Volkstrachten-Verein
Schmied von Kochel Waakirchen e.V.

Gegründet: 1919
Mitglieder: 360
Vereinslokal: Blauer Bock, Waakirchen

1. Vorstand: Andreas Hagleitner

Der Verein hat es sich zur Aufgabe gemacht, die alte bayerische
Tracht, Sitten und Brauchtum zu erhalten. Darüber hinaus wurde
eine Theatergruppe gegründet, die mit ihren Aufführungen nicht
nur die Bürger von Waakirchen anlockt.

Abbildung rechts: Verein Schmied von Kochel, Waakirchen

Gebirgstrachten-Erhaltungs-Verein „Schmied von Kochel", Kochel am See

Gegründet: 1902
Mitglieder: 330
Vereinslokal: Hotel „Schmied von Kochel", Kochel am See

1. Vorstand: Ludwig Mayr

Der Verein ist ein gern gesehener Gast bei den verschiedensten Veranstaltungen, die das bayerische Erbe pflegen und schützen. Ein großes Ereignis ist die alljährliche Teilnahme an der weit über die bayerischen Grenzen hinaus bekannten Benediktbeurer „Leonhardifahrt". Dabei beteiligt er sich mit einem Festwagen, der die „Sendlinger Bauernschlacht" darstellt.

Abbildung rechts: Verein „Schmied von Kochel", Kochel am See (aktive Gruppe)

Gemeinde Aidenbach

Während der Volksaufstand den Oberländern am 24./25. Dezember 1705 ein jähes und grausames Ende brachte, stand den Unterländern dasselbige noch bevor: Die „Aidenbacher Bauernschlacht" wird in den bayerischen Geschichtsbüchern in einem Atemzug mit der „Sendlinger Mordweihnacht" genannt. In Aidenbach nahm der Bayerische Volksaufstand gegen die kaiserliche Besatzungsmacht während des Spanischen Erbfolgekrieges am 8. Januar 1706 ein blutiges Ende. Mehr als 4000 Bauern und Handwerker des bayerischen Unterlandes wurden von der kaiserlichen Soldateska niedergemetzelt.

Die Gemeinde Aidenbach führt jedes Jahr im Juli/August das Historische Freilicht-Festspiel „Lieber bairisch sterben…" auf.

Abbildungen rechts: Szenenausschnitte aus „Lieber bairisch sterben…"

156

Historische Gruppe
„Aidenbacher Bauernkämpfer 1706"

Gegründet: 1987

Die Mitglieder der historischen Gruppe „Aidenbacher Bauernkämpfer 1706" haben es sich zur Aufgabe gemacht, die Heimatkunde und Heimatpflege neu zu beleben und zu fördern. Dazu gehören:

· Geschichtlich abgestimmte Vorträge
· Herausgabe entsprechender Artikel historischen Inhalts
· Erarbeitung und Abfassung einer Chronik Aidenbachs und seiner Umgebung im Zusammenhang mit den historischen Ereignissen des Aufstandes

Abbildung rechts: Vereinsmitglieder in historischer Tracht